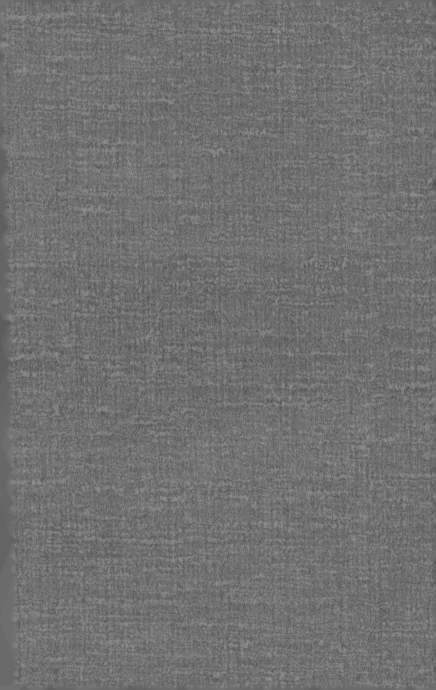

イエス・キリストを思い起こしてください

——現代の信仰問題への応答として——

ラニエロ・カンタラメッサ（O.F.M.Cap.）著
小平　正寿（O.F.M.）監訳
パウロ・ヤノチンスキー（O.P.）監訳
金子　知香子／高木　利彦　訳

REMEMBER JESUS CHRIST

Responding to the Challenges of Faith in Our Time

Raniero Cantalamessa

序章

イエス・キリストのことを思い起こしなさい。わたしの宣べ伝える福音によれば、この方は、ダビデの子孫で、死者の中から復活されたのです（二テモテ2・8、新共同訳）。

この本はローマ教皇ベネディクト十六世の臨席のもとに、教皇公邸にて、二〇〇五年の待降節と二〇〇六年の四旬節に行われた黙想会（訳注：教皇庁に勤めている枢機卿も黙想会に参加した）の説教集です。黙想会の共通した主題は、現代におけるキリストに対する信仰についてであり、二つの異なる視点から考察されています。第一部の待降節の連続説教はキリストを告げ知らせることに重点が置かれています。第二部の四旬節の連続説教はキリストに倣《なら》うこと、特にキリストのご受難に倣うことを重視しています。

新約聖書によると、「人を救い」そして「世に打ち勝つ」信仰とは、単なる宇宙創造神、またはある種の死後の世界に対する一般名称としての信心ではなく、神の御子であるイエス・キリストに対する信仰であり、キリストの復活の神秘に対する信仰です。パウロとヨハネによる宣教と、初代教会における経験に照らされて、第一部の黙想では、キリストに対する信仰が現代文明で直面する問題を省察しています。多くの点で、現代におけるこうした問題は、初代教会の時代以後に生きた人々よりも初代教会の人たちが遭遇した事例に似ています。これは、「**キリスト教以後**」の**世界**に、私たちが再び福音宣教を行うためには、**キリスト教以前の世界**に福音宣教が行われたときの手法を模範とする必要があることを意味しています。

病気について話してもその病気には感染しないが、病気に感染している人との接触によって病気が感染し拡大するのとちょうど同じように、もしキリストが福音宣教する人の心の中に住んでおられないなら、キリストを宣べ伝えても効果はないでしょう。第二部の連続説教の目的は、「キリストの苦しみへの参与」を黙想することです（フィリピ3・10参照）。

福音書は「前置きがとても長い受難物語」[1]であると言われました。しかし、不幸なことに、福音書のこの最も重要な部分が読まれる頻度は、最も少ないのです。さらに、受難の箇所は、聖週間の典礼の中で一回読まれるだけで、しかも、典礼が長いため、それを基に説教するチャンスがないのです。多くのキリスト教徒は、キリストのご受難の描写がもたらす恵みの光と救いのエネルギーに一度も触れることがないまま、人生の終焉《しゅうえん》を迎えてしまうのです。連続説教の中で以下に引用する『ペトロの第一の手紙』の招きに従って黙想しようと思います。

「キリストもあなたがたのために苦しみを受け、その足跡に続くようにと、模範を残されたからです」（一ペトロ2・21）。

古代ローマ時代の尊い殉教録に従って、司祭がミサでホスチアとぶどう酒の聖別の後に唱える最初の言葉は、次のようなものです。“Unde et memores beatae Passionis….”（ラテン語：「（そして、そこで、）私たちはイエスの祝福された受難の記念を祝い……ます」）（訳注：記念は「想起」（思い起こすこと）も意味する。ギリシャ語でアナムネーシス）。典礼祭儀における客観的な「記念」に合わせて、信者は、自分たちを救ってくださった方のご受難を、深い感情とともに思い起こす主観的な「記憶」として、常に個人的に心に刻みつけるべきなのです。これこそ、使徒パウロが弟子テモテに「イエス・キリストのことを思い起こしなさい」と熱心に勧めたことです。

目次

第一部　世に打ち勝つ信仰

第一章

「人々は、人の子のことを何者だと言っているか」（訳注：マタイ16・13）。現代および初代教会のキリストに対する信仰

新教皇の任期の始まり（訳注：連続説教が行われたのは、名誉教皇ベネディクト十六世の教皇としての任期の初期だった）を歓迎するのに、キリストがペトロに首位権を根づかせたときの聖ペトロの信仰告白を思い起こして、それを繰り返し表明すること以上に良い方法はないと信じます。聖アウグスティヌスはペトロの信仰告白に対するキリストの応答を次のように説明します。「私はこの岩の上に、あなたが、たった今、言い表した信仰を建てる。私はあなたが『**あなたはキリスト、生ける神の子です**』と今、言い表したことを礎《いしずえ》にして、私の教会を建てよう(2)」。

これこそが「キリストに対する信仰」を待降節の説教の主題にした理由です。復活祭がキリストの**み業**について黙想するのに最適な時期であるのと同様に、待降節と降誕祭は受肉の神秘を焦点として、キリストという**お方の人格**《ペルソナ》について黙想するのに最も適切な時期

です。

この最初の黙想において、現代社会におけるキリストに対する信仰についての現状と、キリストに対する信仰について神のみ言葉が私たちに示唆している救済方法について述べたいと思います。以下の各節では、キリストに対するヨハネの信仰とパウロの信仰が現代人に何を語りかけているかについて、そして、キリストによる救いを現代人に示す方法について黙想したいと思います。

1．キリストの存在と不在

私たちの社会と文化において、イエスはどんな位置を占めているでしょうか。このことについては、キリストの「存在」と「不在」としてお話しすることができると思います。ある次元、つまり、一般論としてエンターテインメントとマスメディアの次元において、イエス・キリストには非常に存在感があり、イエスを題材にした有名なミュージカルの題名にちなめば、イエスは「スーパースター」でさえあります（訳注：『ジーザス・クライスト＝スーパースター』は、聖書を題材にイエス・キリストの最後の七日間を描いたロック・ミュージカル。世界各国で上演されている。作曲はアンドリュー・ロイド・ウェーバー。初演は一九七一年、米ニューヨークのブロードウェイ)。続々と登場する物語、映画、本の中で、偽りのキリスト像が作り出されてきました。そして時には、イエスに関する神秘に満ちた新しい歴史的文書という名目で、それを行うのです。『ダ・ヴィンチ・コード』はこれらのシリーズの中で、最新かつ、最も好戦的な実例です。今や、このような本や映画が流行する傾向にあり、文学において新たなジャンルになりました。人々は最少の費用で世間の関心を集めるために、イエスの名声と人類の大多数のためにイエスが体現していることから連想される圧倒的な共鳴力を利用しているのです。これは文学による「寄生」です。

キリストを信じない異教徒が悪徳に抗《あらが》うことに成功しなかった場合(あるいは抵抗しようと試みた場合)、異教徒が何をしただろうか、と聖アウグスティヌスは問いかけました。異教徒は、きわめて明快にも、悪徳を神のせいにしたのです! そして異教徒は自分自身がさまざまな悪徳を行う正当性を感じられるようにし、愛欲を象徴する神、ヴィーナス(ウェヌス)(訳注:古代ローマでの呼び名。古代ギリシャでの名前はアフロディテ)、暴力を象徴する、マルス(訳注:古代ローマ神話の戦いと農耕の神で、古代ギリシャでの名は「アレース」)などの神々を作りました。現代、同じことがキリストに関して起きています、そしてこのことは異教信仰への回帰に関する最も不穏な徴候の一つです。現代文化が洗練されていくとき、そこに内在する弱さや囚《とら》われは、決まってイエスのせいにされてしまうのです。

それで、ある見地からはイエス・キリストが私たちの文化に存在しているということもできます。しかし、もし私たちが、イエスが他の領域にもまして属しておられるはずの信仰という領域に目を向けるならば、イエスに対する徹底的な拒絶よりも、不安になるほどのイエスの「不在」に気づきます。

ヨーロッパと他の地域において自分自身を「キリスト教徒」と呼ぶ人々は、本当は何を信じているのでしょうか？　大抵、彼らは至高存在、創造主の存在や「死後の生命」を信じています。しかし、これは自然神信仰であって、キリスト教の信仰ではありません。もしカール・バルトの有名な区別を考慮に入れるならば、これは「宗教」ですが、まだ「信仰」ではありません。(3)私が生まれたイタリア中部の町、マルケ州のような、初代教会のキリスト教徒からの伝統を受け継ぐ国と地域におけるさまざまな社会学上の調査が、この事実に焦点を当てています。実のところ、イエス・キリストはこの種の宗教性・習俗において不在なのです。

最近多くの関心を引き起こした科学と信仰との間の対話は、そうするつもりはなくても、かっこの中にキリストを入れてしまう傾向があります。その焦点は創造主である神にあり、ナザレのイエスという歴史上の人物はそこに存在していません。同様なことは史実よりも、抽象的概念を取り扱うことをずっと好む哲学との対話でも起こります。

概して、パウロがアテネのアレオパゴスで説教したときに起きたことは世界的規模で繰り返されているのです。使徒が「世界とすべてを創造した神」について話し、「わたしたちは本当に神の子です」と言っている限り、学識のあるアテネの人々は興味津々でパウロの言葉に耳を傾けました。しかしパウロが「死者から復活させられた」イエス・キリストについて話し始めたとき、アレオパゴスの人たちはやんわりと、「そのことは、いずれまた聞かせてもらうことにしよう」と応じました（使徒言行録17・22–32参照）。

「信仰」という言葉の意味から、私たちがどれくらいかけ離れているかを理解するためには、新約聖書に、ちょっと目を通すだけでよいのです。パウロにとって、罪人を義とし、神の霊を受ける（ガラテヤ3・2）信仰、すなわち、人間を救う信仰はイエス・キリストに対する信仰であり、イエスの死と復活の神秘による信仰です。同様にヨハネにとっても「世に打ち勝つ」信仰とはイエス・キリストに対する信仰です。「イエスを神の子と信じる者のほか、誰が世に打ち勝つでしょう」（一ヨハネ5・5、フランシスコ会訳）。

現状に照らして考えてみれば、私たちの最初の課題は大いに信仰告白を行うことです。「勇気を出しなさい。わたしはすでに世に打ち勝ったのである」（ヨハネ16・33）とイエスは私たちにおっしゃいました。イエスは人々が福音に対して鈍感で頑《かたく》なであることに関して、当時の世だけでなく、永遠に世に打ち勝ちました。ですから、私たちはどんな場合でも現状を恐れたり、諦めたりしてはなりません。未来の社会における避けることのできない教会とキリスト教の終焉についてよく語られる予言は、こっけいに思われます。私たちにはもっと信頼すべき権威ある預言があります。「天地は過ぎ去る。しかし、わたしの言葉は決して過ぎ去ることはない」（マタイ24・35）。

しかし、受け身のままでいることはできません。私たちは現代におけるキリストへの信仰に対する挑戦に打ち勝てるように何らかの行動を起こす必要があります。キリスト教以後の世界に再び福音宣教を行うためには、使徒がキリスト教以前の世界に福音を説くために何をしたかを私たちが知ることは不可欠であると思うのです！　これら二つの状況には共通点が多いのです。そして、私が今、焦点を当てようとしているのは次のことです。「最初の福音宣教はどのようなものだったのでしょうか？」「キリストへの信仰はどのように世に打ち勝ったでしょうか？」。

2. ケリュグマとディダケー

新約聖書の全著者は、聖書の読み手には、地上の生活を送られた人間イエスに遡《さかのぼ》る共通の伝承（ギリシャ語：paradosis）という知識があることを前提条件としていたのは明らかです。この伝承は二つの側面、あるいは構成要素を持っています。「宣教」つまり、神がナザレのイエスを通して行ったことについての「告知」（「ケリュグマ」ギリシャ語：kērygma）と呼ばれる構成要素と、信者に正しい行為の倫理基準を提供する「教え」（「ディダケー」ギリシャ語：didachē）と呼ばれる構成要素です。[4] さまざまなパウロ書簡は、最初の部分でケリュグマを扱い、第二の部分では、第一の部分から派生する実際的な勧告を行い、この二重構造を組み込んでいます。

宣教、つまり「ケリュグマ」が「福音」と呼ばれます。[5] 一方、教え、つまり「ディダケー」はキリストの「律法」、つまり掟と呼ばれます。これは「愛徳」（カリタス）という言葉で要約されるものです。これらの二つのうち、教会にその起源を与えるのは、前者――「ケリュグマ」、つまり「福音」――です。後者――「律法」、つまり「愛徳（愛の業）」――が前者から流れ出て、教会のために道徳的に理想とされる生活の輪郭を明示します。[6] 後者は教会の信仰を「形作り」ます。使徒パウロがコリントの信徒の集会において、信仰における「父」としての自分の仕事の成果と、後進の「教師たち」の成果とを区別するときに言及しているのは、彼の「宣教」なのです。パウロは言います。「わたしこそキリスト・イエスにおいて、**福音をもって**あなた方を子としてもうけたのです」（一コリント４・15）。

同様に信仰はケリュグマ、つまり、福音の告知の現存によってのみ生じます。キリストに対する信仰に言及して、使徒パウロは尋ねます。「聞いたことのない方を、どうして信じることができるでしょうか。宣べ伝える者がなければ、どうして聞くことができるでしょうか」（ローマ10・14）。文字どおりに言えば、「ケリュグマを宣べ伝える者がなければ（ギリシャ語：chōris kēryssontos）」となります。パウロは「信仰は聞くことから始まります」（ローマ10・17）と結論づけます。そして「聞くこと」はまさに「福音」つまり、「ケリュグマ」のことを指しているのです。

神学教授であった時代の教皇ベネディクト十六世は、『キリスト教入門』という著書において、この事実の深遠な言外の意味を強調されました。

「『信仰は聞いたことから始まる』という主張は、……そこで、信仰と単なる哲学との根本的区別が明示されている。……信仰においては言葉が思想に優先し、……哲学においては思想が言葉に優先し、まず思索の産物があって、それを言葉で言い表そうとするわけである。……これに反して信仰は外から人に来るもので、この外から来るということこそ信仰の本質なのである。……信仰は自分で考え抜いたものではなく、自分に言われたものであり、自ら考え抜いたものでも考え抜けるものでもないものとして私にぶつかり、しかも自分に責任を負わせるものなのである(7)」。

それ故、信仰はみ言葉についての宣教《ケリュグマ》を聞くことから始まります。では、宣教の目的とはそもそも何でしょうか？　イエスが話されたたとえ話の下敷きであり、そこからイエスのあらゆる教えが生まれる、イエスが実際に口にした「良き知らせ」（福音）とはこれです。「神の国はあなた方に近づいた！」。では、使徒による宣教の内容とは何でしょうか？ナザレのイエスにおける神のみ業です！　これは真実なのですが、これだけでなく、すべての中核部分となり、それ以外のすべての領域にとっては、ちょうど鋤《すき》で地面を掘り起こして、そこに畝《うね》を作ろうとするには、土を細かく砕く鋤の刃が先に振り下ろされなければならないような、はるかに具体的なことが存在するのです。

その具体的な中核とは、「イエスは主です！」と告げ知らせて、産み落とされる（ラテン語：statu nascenti）信仰に驚嘆しながら、この告知を受け入れることなのです。この言葉の不思議なところは、それが「聖霊によらなければ」（一コリント12・3）言えないということです。イエスの復活を信じることによって、誰でも救いに導かれるのです。「口でイエスは主であると公に言い表し、心で神がイエスを死者の中から復活させられたと信じるなら、あなたは救われるからです」（ローマ10・9、新共同訳）。

「ちょうど美しい船の航跡がだんだんと大きく左右に広がって行き、遂には消えて、失われて行くように。／でも、航跡はある一点、船自体の一点から始まるのです」とシャルル・ペギーは言いました。(8) 私は教会が巨大な教義の大伽藍《がらん》を建て上げるまで、教会の宣教は広がり続けるものの、その広がりは一つの点から始まること、そしてその点とは「イエスは主です！」というケリュグマである、と付け加えたいと思います。

イエスが福音宣教したこと――「神の国は近づいた！」――は、使徒たちが宣教したように、「イエスは主です！」という叫びに変わります。しかし、**宣べ伝えたイエス**と、**宣べ伝えられたキリスト**との間に対立はなく、むしろ完全な連続性があります。なぜなら「イエスは主です！」と言うことは、十字架につけられて復活したイエスを通して、世に神の国と神の主権がもたらされたと言うことと同じだからです。

私たちは使徒たちによる宣教を史実とかけ離れた形で復元・再構成することを避けるために、このことをよくよく理解する必要があります。聖霊降臨の後に、使徒たちはただ、「イエスは主です！」と繰り返しながら世界中を旅したのではありませんでした。むしろ、使徒たちが初めて訪れた場所で信仰を宣べ伝えようとするときにいつも行ったのは、二つの事実を告知して、まっすぐに福音の核心を宣べることでした。「イエスは死んだ」、「イエスは復活された」と告げ知らせて、二つの事実のそれぞれの理由をはっきりと述べます。つまり、「イエスは『わたしたちの罪のために』死んでくださった」、そして「イエスは『わたしたちが義とされるために』復活された」（一コリント15・3、ローマ4・25参照）という公の証言です。

パウロが最初にコリントに赴いたとき、パウロはコリントの信徒に何を告げ知らせたかをこのように記録しています。「兄弟たち、かつてわたしが喜ばしい知らせとして伝え、あなた方も受け入れ……〔た福音〕。……わたしがまず最も大切なこととしてあなた方に伝えたのは、わたしも受け継いだものです。すなわち、それはキリストが、聖書に書いてあったとおりにわたしたちの罪のために死んでくださったこと、葬られたこと、また、聖書に書いてあったとおりに三日目に復活したこと……です」（一コリント15・1−4、フランシスコ会訳）。これこそ、パウロが「福音」と呼ぶものです。これは使徒言行録におけるペトロの宣教の核心と同じです。「あなた方はナザレのイエスを殺してしまいました。〔しかし〕神はイエスを復活させられました。……そして神はイエスを主とし、キリストとなさいました」（使徒言行録2・22−36、3・14−19、10・39−42参照）。

「イエスは主です！」という宣言は、たとえ本質的には同じであるとしても常に生き生きと新たに語り直され、あるときには暗黙のうちに、またあるときには明確に話された、以下の短い主張の結論であることは明らかであり、同時にこの意見を集約して、聞く者の心の中で働く力があるのです。

「キリスト・イエスは……自分をむなしくして、……死に至るまで、十字架の死に至るまで、へりくだって従う者となりました。それゆえ、神はこの上なくこの方を高め、……すべての舌は『イエス・キリストは主である』と表明し［ます］……」（フィリピ2・5―11）。

「イエスは主です！」という公の告白は、それだけでは宣教の全体を成り立たせませんが、それでも、宣教の「魂」、いわば、宣教を照らす「太陽」です。この公の告白というわば「霊的な糧」を通じて、キリストを証しする語り全体との間に一種の霊的な深い交わりがもたらされ、人は聖体という「霊的な糧」によって実現するキリストの体との霊的な深い交わりを連想するのです。信仰に至ることは、この予期しなかった、驚くべき光に対して開眼することです。テルトゥリアヌス（訳注：北アフリカ生まれの神学者。155年頃～220年頃）は自分の回心の瞬間を思い出して、それを「だれもが陥っている無知という暗黒の子宮から……一つの真実の光へ」の驚異的な脱出だったと描写しています！(9) それは、まるで新世界の発見のようでした。『ペトロの第一の手紙』は、それを「暗闇の中から驚くべき光の中へ」という形容で描写しています（一ペトロ2・9、コロサイ1・12参照）。

3．ケリュグマを再発見すること

ケリュグマの本質的な特徴の幾つかに注目してみましょう。聖書解釈学者のハインリッヒ・シュリールが上手に説明したように、ケリュグマは断定的で、権威を帯びた特徴があり、会話的でも、対話的でもありません。[10]ですから、ケリュグマは哲学的、護教的議論によって正当化する必要がありません。人はケリュグマを受け入れるか、または受け入れないかのどちらかで、それがすべてです。ケリュグマは私たちが勝手に処分できるようなものではありません。なぜならケリュグマがすべてを支配するからです。ケリュグマは、何びとにも制定できません。なぜなら、ケリュグマは神ご自身に由来し、存在の根拠となるからです。言葉の最も強い意味において、それは預言の言葉なのです。

実際、二世紀の異教徒、ケルソスは、キリスト者が無分別に信じる人々のように行動すると激しく憤りながら書いています。ケルソスが遭遇したキリスト者の中には、彼らの信仰内容を支持する論拠についても、それを否定する論拠についても議論することを望まない人たちがいて、「『吟味しないで、ただ信じなさい』。そうすれば『あなたの信仰があなたを救うでしょう！』……『この世の知恵は悪いものです。しかし……愚かさは良いことです』」と繰り返し言い続けたということです。[11]

ケルソスは（彼は現代の相対主義論者に酷似しているように思えます）どうしても、キリスト者に対話形式で信仰を提示し、吟味や討論を始めてほしかったのです。こうして、キリスト教信仰は、人間自体と世界を理解しようとする人間的な努力――常に暫定的で際限のない努力――や一般的な知の枠組みの中へと再び入って行くことができ、哲学も受け入れるようになりました。

もちろん、証拠を挙げたり、議論したりすることに対するキリスト教徒による拒絶は、信仰の歴史全体にわたるものではなく、その「最初期」にだけ生じたことでした。この使徒の時代にも、キリスト者は議論を避けず、ギリシャ人に対してさえ、「自分が抱いている希望について答えられる用意をする」ことを避けたりはしませんでした（一ペトロ３・15参照）。二世紀と三世紀のキリスト教護教家がこのことを同様に証明しています。もっと正確に言うなら、彼らは信仰が議論から生じることはなく、信仰は理性の働きではなく、聖霊のみ業が議論に先立つと信じていたのです。理性的な議論は、せいぜい、信仰のための露払いをするだけで、いったん信仰が受け入れられた後は信仰の「合理性」を示すことができました。

ケリュグマには、もう一つの特徴として、いわば、爆発的あるいは増殖的な性質があります。ケリュグマは、木のてっぺんに実っている熟れた果物というよりは、将来、木に成長する種子のようなものであり、キリスト教にあっては、その主成分は「愛」です。まるで、伝統がケリュグマのエキス（精髄）であるかのように、伝統を凝縮したり、要約したりしてもケリュグマを取り出すことはできません。むしろケリュグマは超然とひとり揺るぎなく立ち続けているとか、すべての起源として聳《そび》え立っていると言った方が適切でしょう。まさにケリュグマを詳述するためにその後に書かれた四福音書を含めて、他のすべてがケリュグマから展開していきます。

教会の現状のせいで、この点に関する変化が生じています。キリスト教が所与のいかなる場所でも支配的で、すべてがキリスト教化され、あるいはキリスト教的と見なされる範囲において、人々は自分がキリスト者になるかどうかの最初の選択の重要性をほとんど自覚していません。現在、洗礼は通常、自分では選択できない赤ん坊に授けられますから、これはなおさらのことです。最も強調されていることは、信仰の最初の瞬間や信仰に至るプロセスよりも、信仰それ自体の完全性と正統性（訳注：異端信仰に陥っていないかどうかということ）なのです。

この状況は今日《こんにち》の福音宣教に大きな影響を与えます。堅固な教義的・神学的伝統を誇っている諸教会は（カトリック教会は一段と優れています）、自分たちが教義、教会法、制度という莫大な遺産のもとにあってさえ、自分たちの力では信仰を産み出す根源となるべき核心を再発見できないとするなら、不利な立場に立つ危険があります。

しばしば、キリストを個人的に知らない現代人に膨大な教義をそっくりそのまま提供することは、聖職者がかつて身に着けていた錦織りの重いマントを赤ん坊の肩に掛けるようなものです。私たちは人々を漁《すなど》る「漁師」であるよりも、過去の惰性によって「羊飼い」であるつもりでいます。つまり私たちは教会の中に新しい人々を連れて来ることや、教会から疎遠になって、その周縁で暮らす人たちを教会に連れ戻すよりも、教会に定期的にやって来る人々を養い育てる態勢にあるのです。

これこそ、世界のある範囲の地域で多くのカトリック信徒が、よく福音派やペンテコステ派に起源を持つ他のキリスト教諸派に転出して、カトリック教会を捨ててしまう理由の一つなのです。こうした人々は、キリストと直接出会い、キリストの霊（聖霊）の力を経験させる、単純かつ効果的な宣教に魅了されるのです。

一方でこれらの人々が生きた信仰を再発見したことは喜ばしいとしても、他方で、彼らがそのために自分たちの母なる教会を見捨てたことは悲しむべきことです。こうしたキリスト教共同体に対して、私たちはできる限りの敬意と尊敬を抱くべきですが、そのすべてがセクト（異端的分派）ではないとはいえ（カトリック教会はこれまで何年間も教会一致《エキュメニカル》のための対話を維持してきましたが、そのような対話をセクトと行うべきではありません！）、これらのキリスト教共同体の多くは、人々がキリスト者として完全な生活が送れるよう導くためカトリック教会が持っている手段を持ち合わせているわけではない、と言わなければなりません。

幾つかのケースでは、いわゆる「新生」と呼ばれる最初の回心の体験の周りを最初から最後まで、すべてが空回りし続けるだけです。しかし、私たちカトリック者にとって回心とは――これはカトリック教会に限りませんが、――単にキリスト者としての人生（生活・生命）の入り口にすぎません。回心には、カテケージス（要理教育）、自己放棄を通じて起こる霊的成長、信仰の暗夜、十字架、ついには復活が続くべきです。カトリック教会には非常に豊かな霊性、数え切れないほどの聖人たち、教導権、そして何よりも秘跡があります。

そういうわけで、現代の大多数の信者が信仰入門講座を受けていませんから、洗礼志願者だけではなく、皆に少なくとも一回は、明確かつ簡潔に提示するべき基本的な宣教が必要です。今日《こんにち》、教会内の諸運動が教会のために具体化している恵みは、まさにここにあります。これらの諸運動の中で、成人は、ついにケリュグマを聞いて、自分の洗礼の恵みを新たにし、キリストを自分の個人的な主として、また救い主として意識して選び直し、積極的に教会生活における活動に献身する機会を持つようになるのです。

キリスト者としての人生のすべての重要な局面で、イエスを主として宣言することに名誉ある地位を与え続けるべきです。死に直面するとき、人々は自分自身に問いかけ、心が開き、他のときよりも気を散らすことがないので、最も祝福に満ちた機会は恐らく、葬儀のときです。キリスト教のケリュグマほど死について効果的に人々の心に訴えかけるものはありません。

フランツ・カフカが書いた強烈な宗教的寓話があります。その物語は、使者（伝令）を枕元に呼ぶ臨終前の皇帝について描いています。皇帝は、集まっている群衆の中を使者が通れるようにして、使者の耳に親書（個人的なメッセージ）をささやきます。「障害となる四方の壁は打ちこわされた」(12)。皇帝にとって、その親書はひどく大切だったので、使者にそれを自分の耳へ復唱させたのでした。うなずいて見せることで、皇帝はその復唱した言葉の正しさを裏書きしました。そして使者は素早く出発したのです。さて、著者カフカから物語の残りを聞きましょう。

（訳注：福音の告知を意味する「ケリュグマ」はもともと、ギリシャ語で伝令による「布告」を意味した）。

「使者はすぐ途についた。力強い、疲れを知らぬ男だ。あるいは右腕、あるいは左腕と前にのばしながら、群集のあいだに自分の道を切り開いていった。抵抗する者がいると、彼は自分の胸を指さした。その胸の上には太陽のしるしがついている。彼はそうやってまた、ほかのどんな人間にもできないほどたやすく前進していくことができた。だが、群集はあまりにも多かった。彼らの住居は果てしなくつづいていた。ひろびろとした野原がひらけているならば、使者はどんなに飛ぶように走ったことだろう。そして、やがて君はきっと彼の拳《こぶし》が君の戸口をたたくすばらしい音を聞いたことだろう。ところが、そんなことにはならないで、彼はなんと無益に骨を折っていることだろう。いつまでたっても彼は宮殿の奥深くの部屋部屋をなんとかしてかけ抜けようとするのだ。だが、けっしてその部屋部屋を抜けきることはないだろう。そして、もしうまくかけ抜けたとしても、何一つ得るところはないだろう。つぎにはなんとかして階段をかけ下りようとしなければならないだろう。そして、その階段をうまくかけ下りることができても、何一つ得るところはないだろう。いくつもの内庭を越えていかなければならぬのだ。そして、かずかずの内庭のつぎには第二の壮大な宮殿がくる。それからふたたび、階段と内庭だ。それからまた宮殿だ。そういうことをくり返して何千年たっても終わることはない。そして、とうとういちばん外側の門から走り出たところで――だが、けっして、けっして、そんなことは起こるはずがない――やっと彼の前には首都が横たわっているのだ。その首都こそ世界の中央であり、世界の沈澱物《ちんでんぶつ》で高く積み上げられている。だれ一人としてここをかけ抜けることはできないし、まして死者のたよりをたずさえてかけ抜けることはできない。――だが君は、夕べが訪れると、君の窓辺に坐り、心のなかでそのたよりを夢想するのだ[13]」。

死の床にあって――十字架上で――キリストは同様にご自身の教会に個人的なメッセージ（親書）を打ち明けました。自分の家の窓辺に座り、キリストからの親書を待ちわびる本当に多くの人々がまだ存在しています。教会は決して、そこから使者が出ることができないほど入り組んで、息が詰まるような宮殿のようになってはなりません。

み言葉を携えて「素早く出発する」ことに対する主な障害は、キリスト者の間の分裂、つまりイエスがご自身の死の瞬間に壊されたが（エフェソ2・14参照）、その後、キリスト者たちが再び築き上げてしまった「隔ての壁」です。他の障害物としては、人間的な資源の豊富さとそれに頼りすぎること――使者を押し潰す多すぎる服と多すぎる財布――を含みます（ルカ10・4参照）。最も有害なことは自分自身の栄光の追求です。行きすぎた官僚主義、み言葉の鋭さを鈍くして、み言葉が実生活からかけ離れていると思わせるような聖職者中心主義、難解で理解できない言葉づかいもあります。乗り越え難い障害物を形作っているすべてです。また、人間独特の過剰な用心深さと自己防衛心は、心の窓のブラインドを下げてしまいます。

4．イエスを主として選び直すこと

私たちは「キリストは現代社会においてどのような場所を占めているでしょうか」という質問から始めました。しかし私たちは個人レベルにおいて同じ質問をしないで済ますわけにはいきません。「キリストは私の生涯においてどのような場所を占めているでしょうか」。フィリポ・カイサリアにおけるイエスと使徒との対話を思い出しましょう。「人々は、人の子のことを何者だと言っているか。……それでは、あなたがたはわたしを何者だと言うのか」（マタイ16・13、15、新共同訳）。イエスにとって最も重要なことは、人々がご自分について考えることではなくて、最も親密な弟子たちがご自分について考えることであるように思われます。

新約聖書においてキリストを主として宣言することの重要性にまつわる客観的な理由については、前に述べました。「イエスは主です！」と宣言することは、その言葉による救済をもたらす出来事を宣言する人の誰の中にでも現存させ、働かせます。しかし主観的で実存的な理由もあります。「イエスは主です！」と言うことは正真正銘の決断をすることを意味します。それは「イエス・キリストは『私の』主である」と言うかのようです。私は私に対するイエスの正当な権利を認識し、イエスに私の人生の手綱《たづな》を明け渡します。つまり、私はもはや「自分自身のために」生きるのではなく、「自分たちのため死んで復活してくださった方のために」生きることを望むのです（二コリント5・15参照）。

イエスを私たちの主であると宣言することは、イエスに私たちの人生（生活・生命）のすべての領域を委ねて、福音が私たちの行動のすべてに染み通るがままにすることです。こうして、尊敬すべきヨハネ・パウロ二世の「キリストのために扉を広く開けてください」という言葉を思い出すのです(14)。

私は時々、ある家族の客人だったことがあり、予定外の訪問客が来訪して呼び鈴を鳴らしたときに何が起こるかを目撃したことがあります。その家の主婦はベッドメーキングをしていないベッドのある乱雑な部屋の扉を急いで閉じて、一番片付いている部屋に客を通します。イエスに対して私たちはその反対のことをする必要があるのです。つまり、私たちの人生における「乱雑な部屋」、特に私たちの下心であふれかえった部屋をキリストに明け渡す必要があります……。誰のために私たちは骨を折っているのでしょうか。そして私たちは何のために今の務めを果たしているのでしょうか。私たち自身のためにでしょうか、それともキリストのためにでしょうか。私たちの栄光のためにでしょうか、それともキリストの栄光のためにでしょうか。キリストへの自分の明け渡しはクリスマスに降誕するキリストをお迎えするため、待降節に良い「揺りかご」を準備しておくための最良の方法です。

第二章

「あなたは信じますか」
ヨハネ福音書におけるキリストの神性

1.「『わたしはある』……をあなた方が信じなければ」

復活節のある日、私は修道院にこもってミサをささげていました。福音朗読箇所の章句はヨハネ福音書からで、イエスが繰り返し「わたしはある」（ラテン語：Ego Eimi）と述べる箇所です。「『わたしはある』……を信じなければ、あなた方は自分の罪で死ぬであろう。……あなた方が人の子を上げたときはじめて、『わたしはある』を悟るであろう……。アブラハムが生まれる前から、『わたしはある』」（ヨハネ8・24、28、58参照）。

「わたしは」・「ある」という二つの言葉は、ミサの聖書配分箇所では、すべての文法規則に逆らって、大文字で書かれていました。この事実は、他のもっと神秘的な要因と重なり合って、私に内的閃き《ひらめ》きを与え、この聖句を照らしたのです。それは、その言葉を二千年前に話しておられたキリストではもはやなく、復活して、生きておられ、その場で「わたしはある！」（ラテン語：Ego Eimi）と私たちに告げ知らせておられるキリストだったのです。この言葉は宇宙的な響きを帯びていました。それは敬虔《けいけん》な感情を含むだけでなく、過ぎ去った後でも、人の心に消すことのできない刻印を残すような経験の一つでした。

この黙想の主題はヨハネ福音書におけるキリストに対する信仰なので、私はこの個人的な経験の分かち合いから始めました。キリストの「わたしはある」は、その信仰の究極の表現です。第四福音書（ヨハネ福音書）についての近代の聖書注釈は、例えば、イザヤ書43章10節に「お前たちが知って、わたしを信じ、わたしがその者であると理解するためである」（フランシスコ会訳）と書かれているように、神の名前（神名）の間接的な言及をイエスの言葉に見いだす点において一致しています。

聖アウグスティヌスは、イエスによるこの告知を、出エジプト記3章14節（訳注：神はモーセに仰せになった、「わたしは『ある』ものである」。……「イスラエルの子らに言え、『〈わたしはある〉という方がわたしをあなたたちのもとへ遣わされた』と」）と関連づけて、「『〈わたしはある〉……をあなた方が信じなければ……』という言葉ですが、私はイエスが『わたしが神であると信じなければ、あなた方は自分の罪で死ぬであろう』以外のことを何もおっしゃるつもりはなかったと思います」と結論づけています。[15]これらの言葉が、後の信仰の深まりによって、実際はヨハネが創作した文言であり、イエスが本当に言ったのではないと異議を唱えることもできるかもしれません。しかし、このことがまさに重要な点なのです。これらの言葉は、事実イエスの言葉であり、復活し、今生きておられ、「聖霊によって」話しかけておられるイエスの言葉であることは確かなのです。これらの言葉は、まさに同じナザレのイエスの言葉です。

今日《こんにち》、「信ぴょう性のある」福音と「信ぴょう性のない」福音との区別、すなわち、イエスがご生涯の間に実際にお話しになったことと、イエスの死後に使徒たちによってイエスが話したとされたことに関して、イエスの言葉を区別することが普通に行われています。しかし、普通の人間にすぎない著作家の場合と違って、キリストの場合は、この区別は非常にあいまいで、根拠が不確実です。

この問題点は、新約聖書という文献が持つ、優れて人間的かつ歴史的な特徴や聖書の文学ジャンルや「形式」の多様性に関して疑問を投げかけることではないことは明らかですし、まして通りいっぺんで味気ない「聖書逐語霊感説」という古い考え方に後戻りすることでもありません。問題の核心は、聖書の霊感がキリスト者にとって、まだ意味を持つかどうか、――私たちが聖書朗読の最後に「神のみ言葉！」と声高らかに言うとき、私たちが自分の言ったことを信じているのかどうか――を知ることです。

2.「神のみ業を行うとは、神がイエスを遣わされたことを信じることにあります」

福音記者ヨハネによれば、キリストは信仰における特定かつ第一の目的語です。ヨハネが特に断りを入れないで「信じなさい」と言うときは、「キリストを信じなさい」を意味しています。イエスはすでに真《まこと》の神を信じている人々に語りかけます。イエスが信仰について強調したすべては、今や、新しいことに関係しています。すなわち、ご自分が世に現れたこと、神のみ名によってご自分が話していること、要するに、イエスが神の御ひとり子であり、「天の御父と一体」であることです。

ヨハネはキリストの神性と神の御ひとり子としての地位を、福音書の眼目としました。そして、これはヨハネ福音書の統一テーマです。ヨハネは、「これらのこと（しるし）が書かれたのは、あなたがたが、イエスは神の子メシアであると信じるためであり、また信じて、イエスの名により命を受けるためである」（ヨハネ20・31、新共同訳参照）と述べることで、自分が書いている福音書を完結させます。ヨハネは、ほぼ同じ言葉で彼の「第一の手紙」を完結します。「神の子の名を信じているあなたがたに、これらのことを書き送るのは、永遠の命を得ていることを悟らせたいからです」（一ヨハネ5・13）。

第四福音書（ヨハネ福音書）にざっと目を通すと、キリストの神性の起源に対する信仰が、どのようにこの福音書の縦糸と横糸の両方を構成しているかが分かります。天の御父なる神が遣わされた者を信じること、これが「神の業《わざ》」であり、このことこそ、飛び抜けて最も神をお喜ばせすることです（ヨハネ6・29参照）。（イエスを）信じないことは、結果として、極めて重い「罪」と見なされます。弁護者（訳注：聖霊。ヨハネ15・26参照）は「世の罪を明らかにしてくださ」り、罪とはイエスを信じなかったことです（ヨハネ16・8−9）。神が旧約時代の人々に求めたものと同じ種類の信仰を、イエスは人々に求めました。「あなたたは神を信じなさい。そしてわたしをも信じなさい」（ヨハネ14・1、フランシスコ会訳）。

イエスが昇天され見えなくなった今、イエスに対する信仰は人類の中で大きい分裂をもたらすでしょう。一方では、イエスを見ないで信じる人たちがいるでしょう（ヨハネ20・29参照）。他方、信じることを拒否する人々がいるでしょう。上述の区別を踏まえると、ユダヤ人と異邦人の区別を含めて、それまでの区別は二義的な問題となります。

イエスの霊によってヨハネが成し遂げることができるようになった難事業に対して、私たちは新鮮な驚きを抱き続けなければなりません。ヨハネは主題、象徴、待望など当時のユダヤ世界とヘレニズム（訳注：古代ギリシャ文化）世界で宗教上、実践されていたすべてを受け入れて、それらのすべてをこの一つの思想（イエスに対する信仰）のために役立てました。ヨハネは、救いをもたらす唯一の真実、際立って優れた神の言葉、「み言葉」ご自身（訳注：イエス・キリスト）を当時の人々に全力で宣言できるように、その時代の用語法を学んだのです。

比較宗教史が専門の学者の著作によれば、ヨハネによって提示されたキリスト教の神秘は、ささいな部分を除いて、グノーシス主義やマンダ教（訳注：グノーシス主義の一派）の神話、あるいはヘレニズムやヘルメス文書（訳注：古代の神秘主義思想の文献）の哲学との見分けがつきません。キリスト教を当時の諸宗教と区別する輪郭はぼやけ、類似点は増えていきます。キリスト教信仰は、こうした変幻自在の神話や、広範囲にわたって存在する宗教形態の変種の一つとなってしまいました。

しかし、これは何を意味するのでしょうか。そのことは本質的なもの――（宗教の）体系や制度、哲学の背後に脈打っている生命と歴史的なエネルギー――を無視していることしか意味しません。生きている人々は互いに異なっていますが、骸骨はすべて似ています。キリスト教の使信が、いったん、骸骨のように形骸化され、この使信が産み出した生命である「教会」と「聖人たち」から切り離されると、他の宗教の主張と混同される危険に常にさらされますが、現実には、間違えようもなく独自性を持ったものなのです。

ヨハネが成し遂げたような事業は容易には達成されません。キリストに対する信仰についてのヨハネ的統合〔ヨハネが、キリストに対する信仰についてさまざまな物事を寄せ集めて新しく産み出した表現〕は、「すべてのことをあなた方に教える」聖霊の油注ぎという「火の中で」打ち直されたのです。ヨハネは「第一の手紙」の中でこのことについて証し、それは確かに個人的経験なのです（一ヨハネ2・20、27参照）。今なおヨハネ福音書は、特にその（神的）起源の故に、四冊か五冊の辞典を開いて机に向かって勉強するだけでは、理解することはできません。

ヨハネ福音書という文書の字句の背後から神の権威と力がくみ取られるという啓示による確信だけが、これほどの強い断言と首尾一貫性をもった自説の展開を可能にし、何千もの異なる視点からでも、「ナザレのイエスは神の子であり、世の救い主です」という、常に同じ結論に到達することを可能にするのです。

3.「わたし［イエス］につまずかない者は幸いである」

キリストの神性は信仰の最高峰、エベレスト峰に該当するものです。キリストの神性（キリストが神であること）を信じるのは、ただ神を信じるということよりもさらに困難です。この困難さは「つまずき」の可能性、引いては「つまずき」の不可避性にさえつながっていきます。イエスは「わたしにつまずかない者は幸いである」(マタイ11・6)とおっしゃっています。つまずきは、ご自分を神であると公に言い表しておられる方の実生活について、人々がすでに知っているという事実に由来します。「わたしたちは、この人がどこの出身かを知っている」(ヨハネ7・27)とファリサイ人は言います。

神を「聖なるかな、聖なるかな、聖なるかな」とたたえるべき大いに神聖なる方、目にすれば、もはや生きていられない方であると考えることに慣れていた第四福音書の著者、ヨハネのような年若いユダヤ人にとって、つまずきの可能性は特に高かったに違いありません。当時の哲学的な考え方にのっとって、ロゴス(神のみ言葉)の普遍性とナザレのイエスという特定の人を対比すると、きわめて食い違うように思われたのです。ケルソスは、ほんの数年前まで生きていた人が、本当は神の子でありうるという考えに対して異議を申し立てました。[16] 神の子が「ユダヤの片田舎のある村で、糸紡ぎによって生計を立てている貧しい女から生まれること」が、どうしてありえるだろうか?と言うのです。[17]

この意見に対して、現在の教皇様(訳注：この説教はベネディクト十六世名誉教皇が教皇在位中に行われた)が著した『キリスト教入門』において、解明的な検証を読むことができます。

「クレド(信仰宣言)の第二部ではじめて、……キリスト教の真の難点にぶつかるわけである。つまり三十年ごろパレスチナで処刑されたイエズスという個人が、神のキリスト（塗油され、えらばれたもの）、いな神の独り子であり、すべての人類史の中心・決定点であるという信仰宣言、これである。次第次第に遠ざかっていって、過去の霧の中に段々消え去っていくある個人を、あらゆる歴史の権威的中心であると宣言することは、せんえつで愚かなことのようにみえる。……唯一の史実のわらにとりすがっていいものかどうか。歴史の大海の中のある事件のこのわらに、われらの全実存、いな全史をもとづかせることができるかどうか」(18)（邦訳　小林珍雄訳、エンデルレ書店、一九七三年）。

古代の思考とアジア的思考（訳者注：多神教・多神併拝型文化）にとってすでに受け入れ難いこの考えが、どれほど現代の宗教間対話の際に抵抗に遭うかを、皆が知っています。「キリストの個人史のように、特別な一つの出来事は、時間と空間によって制約されているので、神と神のみ言葉による救いの無限の可能性を使いきることはできない」という主張があるからです。それで、救いに至るさまざまな小道が、たとえ永遠の神のみ言葉（ロゴスとしてのキリスト）から離れていないとしても、それらが歴史上、実在したキリスト（ナザレのイエス）とは無関係であることを許容してしまうことになります。

この異議に対する最初の応答として、理性が役に立ちます。キリストの受肉は、時間と空間が制約された中での出来事であるので、神の救いと神の永遠のみ言葉の無限の可能性を使い尽くすことはできませんが、受肉と同様に制限され、無限でない「世」の救いに必要なものは何でも確実に成し遂げることができるのです！

しかし最終的な分析において、この「つまずき」は信仰を通してだけ克服されます。キリストの神性およびキリスト教に関する歴史的な裏付けは、「つまずき」を克服するには十分ではありません。セーレン・キルケゴールは、私たちがキリストや使徒たちと同時代人にならない限り、現代に生きる私たちは本当の意味でキリストを信じることができないと書きました。しかし歴史、つまり過去は私たちが信じるのに役立たないのでしょうか。

「キリストが活躍されてからもう一八〇〇年もたったのなら、そして、キリストのみ名が宣べ伝えられ、世界中でくまなく信じられ、キリストの教えが世界のあり方を変えて、世界のすべてのかかわりの中に浸透することに勝利を収め、キリストがどんな方であるかを歴史が適切に、あるいはそれ以上に確証したのなら、イエスは神だったのではないでしょうか？」[19]。

「いいえ、歴史によって信仰が成就することは永久に不可能です！」とキルケゴールは言います。したがって、イエスの場合のように、ある人の生存の結果から、その人が神であったと結論づけることはできません！　小道にある足跡は、小道の上を誰かが、または何かが歩いたことの明らかな結果です。例えば、それを鳥と間違えることもありえるし、さらに綿密な調査によって別の動物であったに違いないと証明できるかもしれません。しかし、私がどれだけそれを綿密に調べても、足跡が鳥または他の動物のいずれのものでもなく、霊のものであると結論することはできないのです。霊はその本質上、足跡を残すことができないからです[20]。

同様に私たちは直接の観察を通して単に調査することによっては、キリストとキリストの人生について知っているという事実から、キリストは神であるという結論を引き出すことはできません。キルケゴールによれば、キリストを信じることを望む人は誰でも、聖霊によるキリストについての「内的な証し」を聞いて、己を空しくすることによってキリストの仲間にならなければなりません[21]。

キリストの神性という問題に対するこのアプローチは、やや心もとないと感じる方もおられるでしょう。この方法論には、キリストの自己無化以上のことであり、そしてそれを超えた「キリストの復活」についての必要な強調が欠けていますし、「聖霊による内的な証し」をはるかに超えた使徒たちの言葉による証しに十分な注意が払われていません。しかし、キルケゴールの考え方の中には、私たちが自分の信仰を清めるのに役立ち、信仰をよりいっそう本物にし、個人的に深めることを可能にする重要な真理の一端があります。

聖パウロは、「人は心で信じることによって義とされ、口で（「イエスは主である」と）宣言することによって救われるのです」（ローマ10・10）と述べています。第二段階の信仰告白は重要ですが、もしそれが心の深いところで起こる第一段階を伴わないなら、無益で、空しいものとなります。聖アウグスティヌスはパウロの「**心で信じて**」（ラテン語：corde creditur）を意訳して、「その告白は心底から湧き出ます」と強調して述べます。[22]キリスト教信仰において、社会的な側面や共同体社会としての側面は確かに本質的なものなのですが、単に惰性的で外面的な信仰、うわべだけの信仰になってしまうことを避けるために、それは数々の個人的な信仰の発露でもあるべきなのです。

4. **「わたしは道であり、真理であり、命である」**（訳注：ヨハネ14・6）

この「心底からの」信仰は、聖霊の特別な油注ぎの果実です。人がこの聖霊の油注ぎの下にいるとき、信じることとは知ることであり、理解することなのだ、と分かります。

「わたしたちは、あなたが神の聖なる方であることを信じ、また**知っています**」（ヨハネ6・69、フランシスコ会訳）。「わたしたちは命の言葉を……**見ました**」（一ヨハネ1・1参照）。あなた方はイエスの宣言を聞きます。――「わたしは道であり、真理であり、命である。わたしを通らなければ、だれも父のもとに行くことはできない」（ヨハネ14・6）と。――あなた自身で、あなたの存在全体で聞いていることが本当であることを認めてください。

私は最近、まさにヨハネによって私たちに伝えられたこのイエスのみ言葉のおかげで起こった信仰の照らしとも言うべきすばらしい事件に立ち合いました。私にはミラノ在住のスイス人芸術家の友人がおり、その人は当代随一の哲学者や芸術家といった著名な文化人と親交があって、世界中で絵画の展覧会を開催していたのです。

彼は熱心に宗教的な探求を行い、仏教とヒンズー教を受け入れるようになっていました。彼はチベット、インド、日本で長年過ごして、修行によってかの地の宗教の第一人者となったのです。ミラノには、彼の霊的指導によって超越瞑想やヨガを始めた専門家や教養のある人々がたくさんいました。

キリストに対する信仰への彼の回心が、私には非常に顕著な証しであると思われたので、私は彼にその体験を書きとめるよう、しつこく促しました。彼の原稿が、ちょうど私の所に届きましたので、それから短く抜粋した箇所を読んでみたいと思います。これはとりわけ、サウロがダマスコに向かう途上で、たちどころにして彼の内的世界を崩壊させ、別世界へと置き換えた光との遭遇体験で経験した経緯《いきさつ》を理解するのに役立ちます。

「私の内部で大変革が起こって、私の心にある思考構造全体を変えたとき、私は深い森の中に一人きりでいる自分に気づきました。私は『わたしは道であり、真理であり、命である。わたしを通らなければ、だれも父のもとに行くことはできない』というキリストの言葉を知っていました。しかし、私は以前、このみ言葉が幾分、押しつけがましいと思っていました。そのとき、これらの言葉は私の存在の中心において、私に衝撃を与えました。仏教やヒンズー教、道教の探求の三十五年後に、私は〈その神〉に引き寄せられました。それにもかかわらず、私の中にはキリスト教にかかわるすべてに対する根深い拒絶感情がありました。ゆっくりと、私は全く新しく、今まで一度も経験したことがない不思議な感覚を感じました。私は並外れた力を放っている何者かの臨在を感じました。

キリストのこれらのみ言葉は私につきまといました。悪夢を見ているかのように思えました。私は抵抗しましたが、内的な声は大きくなり、私の良心の中でこだまのように響きました。自分がパニックを起こす寸前であると思うほどでした。

私は三十年間も深い瞑想をしたはずなのに、思いもよらず自分の心を統御できませんでした。『はい、それは真実です、あなたの仰せのとおりです』と私は叫び、『それは本当です。それは本当です。けれどもどうか、お願いですから、やめてください』と叫びました。私はこのものすごい状況から逃れられないために自分は死んでしまうだろうと思いました。もはや木も見えず、鳥の声も聞こえませんでした。私の存在に対して迫ってくる言葉を語る内的な声だけがありました。

私は地面に倒れ、意識を失いました。しかしこのことが起きる前に、私は自分が無限の愛に包まれていることを感じました。私は自分の考えを支えていた構造が、まるで意識の中で爆発が起こったかのように、溶け去ってしまったことを感じました。私を強く条件づけていた過去に死につつありました。すべて真理だと思っていた考えがほどけていきました。私はそこに、どのくらい長くいたのか分かりませんが、再び意識が戻ったとき、まるで自分が生まれ変わったかのように感じました。私の頭の中の空は完全に澄みきっていました。そして涙が顔と首を伝って、とめどなく流れました。私は自分が地上で最も恩知らずな人間であったと感じました。確かに、偉大な命がありますが、それはこの世に属していません。初めて私は恩恵という言葉によってキリスト者が伝えようとしていることを悟ったのです」。

二十五年以上の間、ビー老師として親しまれていた、この男性は、今は同じく芸術家である妻と一緒に、世間の中で半隠遁生活を送り、相談に来るかつての弟子たちに、「心の祈り」（訳注：「心の祈り」は東方教会の霊性に培われた表現。「Prayer of the heart」と言われるのは、「主イエス・キリスト、罪人であるわたしを憐れんでください」と呼吸に合わせてリズミカルに繰り返すことによって祈りが精神から心へと深められることになるから）やロザリオの唱え方を教えています。

彼はキリストと自分との出会いを準備することになった過去の宗教体験を否定する必要を感じていませんし、そのことで今、彼は他宗教の新鮮さを十分に評価することができるようになっています。そういうわけで、ビー老師は他宗教に対する深い敬意を持ち続けており、キリストに対して最大限に献身することと、他宗教が持つ価値に心を大きく開くことを結びつけることがどのようにして可能なのかを身をもって示しています。

マスメディアによる脚光を浴びずとも、魂の秘められた歴史では、人生（生活・生命）を変えるこうしたキリストとの出会いに満ちている一方、キリストをめぐる議論では、神学者の間でさえ、キリストとの出会いの体験が完全に無視されていることは残念なことです。キリストとの出会いの体験は、イエスがヨハネとパウロを「とらえた」ときと同様に、人々の心をとらえる力があり、イエスは「きのうも、今日も、いつまでも「変わることのないお方です」」（ヘブライ13・8）ということを示しています。
ビー老師は庵《いおり》から次のように書き送ってきました。

「キリストの存在は今までよりいっそう、真に迫っています。そしてキリストを創意に満ちた形で新たに宣べ伝えることは差し迫った課題です。私たちは、人々にイエス・キリストを信じることはとてつもなく素晴らしいことであり、人生（生活・生命）をとても豊かにすることであると理解できるようにする必要があります。それによって、私たちの中で私たちの存在の核心、つまり、私たちの魂における新しい次元が広がり、私たちはもう決して孤独を感じることがなくなります。それはヨハネが福音書の中で述べる無限の光に向かって扉を開け放ちます。キリストの光について驚くべきことは、それが本質において、最高の愛であるということなのです」。

5. イエスが愛した弟子（そしてイエスを愛した人！）

本章を結ぶにあたって、イエスが愛した弟子の話に戻りましょう。ヨハネは、私たちがイエスの人格《ペルソナ》を再発見して、イエスに対する信仰を証しする営みを刷新するための強力な刺激・誘因を提供してくれています。ヨハネは、ついには人の心にまで及ぶことになるイエスのお力を証しする並外れた証し人です。ヨハネは、キリストを中心にして私たちの全宇宙を築き上げることがどのように可能であるかを示します。ヨハネは私たちに、「イエスというお方の比類のない豊かさ、想像できないほどの不思議さ」[23]を悟らせることに成功しているのです。

しかし、さらに多くのことがあります。聖人たちは天国ではもう必要とされない信仰を天国に持って行くことはできません。エリヤが天国に連れて行かれたときに自分の外套をエリシャに置いて行ったのとちょうど同じように、諸聖人は、地上でそれを必要としている兄弟姉妹への遺産として信仰を置いて行くことを幸いに思っているでしょう。それを受け取るかどうかは、私たち次第なのです。私たちはヨハネの熱心な信仰を観想する以上のことができます。私たちはそれを「わがもの」とすることができるのです。聖徒の交わり（諸聖人の通功）の教義は、私たちには、それが可能であり、私たちが祈りを通してそのことを体験することができるのを保証しています。

第三千年紀の始まりにあたって、福音宣教にとって大きな挑戦とは地域間の距離をなくし、異なる文化や宗教の間に横たわる伝統的な違いをさほど重要でないものにする――いわゆる「グローバル化」――地球規模の交易・情報システムの内部を、それこそ香港からニューヨークまで、ローマからストックホルムまで移動する「国際人」という新種の人間像と文化概念の出現であろう、と言った人がいました。

ヨハネはこれと似通った文化的文脈に生きていたのです。当時の世界は、初めてある種の国際化を経験していました。他でもなく「コスモポリタン（世界市民）」（ギリシャ語：kosmopolites）という言葉が造り出されて、最初にこの文脈で使われました。エジプトのアレクサンドリアのようなヘレニズムの大都市には、世界性・普遍性や宗教に対する寛容の気風が存在していました。

それでは、第四福音書の著者ヨハネは、その状況でどのように行動したのでしょうか。あらゆる宗教と宗教儀礼が自分たちよりも大きな全体の一部であることに甘んじる限りにおいて受容された当時、ヨハネはこの諸宗教混在《シンクレティズム》のムードにイエスを仕立て直そうとしたのでしょうか。そのようなことはまったくありませんでした。ヨハネは「悪いキリスト者」、つまり異端者を除いては、教会内で誰とも議論しませんでした。ヨハネは、当時の他宗教や宗教的祭儀に対しても（黙示録で皇帝崇拝を非難した以外は）論争を挑みませんでした。ヨハネは、人々皆にイエスを受け入れるかどうかの選択肢を残しながら、キリストを天の御父から世に贈られた最高の贈り物であると宣言しました。ヨハネは確かにユダヤ教と論争しましたが、ヨハネにとってユダヤ教は「別の宗教」ではありませんでした。

ユダヤ教はヨハネ自身の宗教だったのです。

ヨハネはどのようにして、このようなイエスというお方に対する完全な称賛と、絶対的な思想に到達したのでしょうか。キリストに対するヨハネの愛が、年月が過ぎていくにつれて弱まるのではなく、ますます強くなっていったことを私たちはどのように説明できるでしょうか。これは、聖霊のおかげであることに加えて、ヨハネの近くにイエスの母、聖母マリアがいた事実によると思います。というのもヨハネは聖母と一緒に住み、一緒に祈り、話をしたからです。ヨハネが「み言葉は受肉した」（訳注：ヨハネ1・14、フランシスコ会訳「み言葉は人間となり」を参照のこと）という語句を書き上げたとき、ヨハネには、自分のそばに、同じ家の屋根の下に、その胎内でキリストの受肉という神秘を宿した方がおられたと考えると、目をみはるような特筆すべきこととして感じられます。

オリゲネスは、ヨハネ福音書は、四つの福音書の最初の実りであり、イエスの胸に寄りかかり、また、イエスご自身からマリアを母として引き取ったことがなければ、誰もヨハネ福音書を理解できないだろうと書きました。[24] イエスは「聖霊のお力によって聖母マリアから」生まれました。さまざまな方法で、私たちがこのクリスマス（降誕祭）に、信仰によって、イエスに近寄り、霊的な意味で自分の「いのち」のただ中にイエスを宿そうと励む際、聖霊とマリアのお二方こそは、最高の協力者なのです。

第三章

無償で義とされる！
パウロのイエス・キリストに対する信仰

1．キリストに対する信仰によって義とされます

前章までの黙想で、私たちは福音記者ヨハネの信仰に触れることによって、私たちのキリストに対する信仰を駆り立てようと努めました。今度はパウロの信仰に触れることで同じことをしていきます。

パウロにとって、キリストに対する信仰はすべてです。パウロは『ガラテヤの信徒への手紙』の中で、「今わたしが肉において生きているのは、わたしを愛し、わたしのために身をささげられた、神の子に対する信仰によって生きている」（ガラテヤ2・20、フランシスコ会訳）と証しします。[25] 使徒パウロは自分の人生（生命・生活）の基礎をこの信仰におき、私たちにも自分の人生（生命・生活）の基礎をそこにおくようにと勧めます。

私たちが聖パウロの信仰について語るとき、真っ先に「信仰による義」という偉大なテーマに思い至ります。信仰義認に注意を十分払い、ここでは、それについてくどくどと議論に明け暮れるのではなく、その慰めに満ちたメッセージを活かしたいと思います。最初の黙想で私は、まだ存在しないか、死に絶えてしまった信仰を刺激するために今日《こんにち》、ケリュグマの宣べ伝えを必要としていると申しました。キリストに対する信仰による義という無償の恵みは、その種の宣教の神髄ですが、教会で、この主題について通常ほとんど説教が行われないのは残念なことです。

この視点に関して異常事態が発生しました。トリエント公会議は、宗教改革者が提議した異議申し立てに対するカトリック側の回答を提供し、そこでは信仰と善業の両方にしかるべき場所があり、もちろん、それぞれが正しく位置づけられています。人は善業によって救われるのではありませんが、人は善業抜きで救われるというわけでもありません。しかし、プロテスタント教会が一方的に「信仰」を強調するや否や、カトリックの説教と霊性は、善業の必要性と、救いに役立つ個人的な貢献の必要性を思い出させるための、ほとんどそれだけに終始する、報われない役割を帯びるようになってしまいました。結果として、カトリック信徒の大多数は長大な論争や留保なしには、「信仰による義」という無償の贈り物についての説教を、直接耳にすることなく人生を終えたのです。

一九九九年十月に、カトリック教会とルーテル世界連盟との間でこの問題に関する合意後、状況は原理の上では変化しましたが、それを実行に移すことは、難しいままです。両者による共同宣言文では、義認に関して共有された教理が、今や神学者の間の学問的議論の対象にとどまらず、実践に移され、すべての信者のための生きた体験になることへの希望が表明されています。実践・体験としての「信仰義認」を今回の黙想において、ささやかではあっても目指すべきこととして提案いたします。最初に聖書本文を読んでみましょう。

「人はみな罪を犯し、神の栄光を受けられなくなっていますが、キリスト・イエスの贖《あがな》いの業を通して、神の恵みにより無償で義（正しい者）とされるのです。神はこのキリストに血を流させ、信じる人のための『贖いの座』として彼を公に示されました。それまでに人が犯した罪を忍耐をもって見逃すことによって、人を救うご自分の義を表されるためでした。つまり、ご自分が正しい方であり、またイエスを信じる人を義（正しい者）とされる方であることがはっきりするように、今、現に、人を救うご自分の義を表されているのです」（ローマ3・23–26、フランシスコ会訳参照）。

『ローマの信徒への手紙』の初めの2章と半分の章を費やして、人間の普遍的な罪（原罪）と有罪宣告の状態にある全人類を提示した後で、使徒パウロは今、「キリスト・イエスの贖いの業を通して」と「一人の従順によって」、ユダヤ人もギリシャ人もすべての人にとって、この状態が根底的に変えられたと宣言する驚くべき勇気を持っていました（ローマ3・24、5・19参照）。

しかし、パウロの宣言はまったく理解されませんでした。――それどころか「神の義」という表現が正確に解釈されない限り、慰めとなる代わりに（実際、何世紀もの間、起きたように）、恐怖を引き起こすことにもなりうるのです。ここでの「神の義」が、神と人間との関係において、「神の罰」、あるいはさらに悪いことに、「神の復讐」を指しているのではなく、神が人々を「義（正しい者）とする」行動を意味しているのを再発見したのはマルティン・ルターでした（ルターが実際に言ったことは、人々を「義となす」ではなく、「義と宣告する」であり、ルターが考えていたのは、外部（神）に由来する法的な「義認」、イエスの身代わりによる「義」の人間への転嫁であって、実在の「義」（正しさ）ではありません）。

私は「再発見された」と言いました。というのも、はるか昔に聖アウグスティヌスがこう言っているからです。「それが『神の義』と呼ばれるのは、神がそれを与えて人を義としたからです（ラテン語：iustitia Dei, qua iusti eius munere efficimur）。ちょうど『神の救い』（詩編3・8参照）によって神が人を救うように[26]」。

「神の義」の概念は、『テトスへの手紙』の中で次のように説明されています。「しかし、わたしたちの救い主である神の慈しみと人間に対する愛が現れたとき、神は、わたしたちが義に基づいて行った業によってではなく、ただご自分の憐れみによって、再生の洗いと、聖霊による刷新とをもって、わたしたちを救ってくださいました」（テトス3・4−5）。「神の義は現れた」と言うことは、「神の善、神の愛、神の慈しみは現れた」と言うことと同じです。突然、人間が自分の生活と習慣を改めて、善を行うようになったわけではありませんでした。「神の義」の新しさは、神がまず行動を起こされたことです。神がまず、罪深い人間にみ手を差し伸べ、神のみ業は歴史を成就へと導いたのです。

これこそが、キリスト教の新しさなのです。他のすべての宗教が、修行や知性による内省を通して最終的に貰える褒美《ほうび》としての救いや悟りを約束する救済への小径《こみち》を掲げるものの、その課題を最後までやり抜くことは事実上、その人自身に委ねられています。キリスト教は、人間が救われるためになすべきことから始まったのではなく、神が人間を救うためになさったことから始まりました。順序が、まったく逆です。

心を尽くして神を愛することが「一番重要な第一の掟である」（訳注：マタイ22・37参照）

ことは本当ですが、掟は第一のものではありません。掟は二義的なものになります。掟の領域に先立って、恵みの領域があります。使徒言行録で、キリスト教は「神の恵みの宣言」（使徒言行録14・3、20・32参照）であると、すばらしい表現で述べられています。キリスト教は恵み（恩寵、恩恵）の宗教なのです。

2. 義と回心

信仰を通して無償で与えられた義についての教義は、パウロの独創ではなく、イエスの明確な教えであると、今、説明したいと思います。イエスは宣教の初めに、「時は満ち、神の国は近づいた。悔い改めて福音を信じなさい」（マルコ1・15）と宣言することから始めました。キリストが「神の国」という表現で意味したこと——神による救いの主導権、全人類に対するキリストからの救いの申し出——が意味したことは、聖パウロによって「神の義」と呼ばれますが、それは実際には「神の国」と同一の基本的な真理を示しています。イエスご自身が「まず、神の国とその義を求めなさい」（マタイ6・33）とおっしゃるとき、イエスは「神の国」と「神の義」を一緒に組み合わせています。（アレクサンドリアの）聖チリロ（キュリロス）によれば、「信仰による義、聖なる洗礼と聖霊への参与による罪からの洗い清めを『神の国』と名付けるのはイエスの習慣です[27]」。

イエスが「悔い改めて、福音を信じなさい」とおっしゃるときはいつでも、主はすでに「信仰による義」を教えていました。イエスの教え以前は、悔い改めることとは常に「向きを変える」（「悔い改める」を意味するヘブライ語 shub の字義どおりの意味）ことを意味していました。律法の順守を更新することを通して、破られた契約の方へ向き直ることを意味していました。

したがって、回心することは、一義的には苦行としての、道徳にまつわる、悔悛《かいしゅん》・反省のための意義を持ち、それは自分の行動を改めることを通じて、実践されます。悔い改めは救いのための条件として考えられています。つまり、「悔い改めなさい。そうすれば、あなたは救われるでしょう」、「悔い改めなさい。そうすれば救いがもたらされるでしょう」という意味です。イエスは、イエスの公生活前には知られていなかった新しい意義と対置させて、この「悔い改め」という表現の道徳的な意義を（少なくともイエスの説教の初期では）第二義的なものとしました。

悔い改めは、もはや古い契約と律法の順守に「向き直る」ことを意味しません。その代わり、悔い改めは、前へ飛ぶように進んで新しい契約へと入り、現れたこの「神の国」をつかみ取り、そこに進んで入ることを意味します。そしてそこには、信仰によって入るのです。「悔い改めて、信じなさい」は二つの続けざまに起きる異なった行為ではなく、一つの行為です。つまり、悔い改めることは信じることを意味するのです。言いかえれば、信じることは悔い改めることです！　聖トマス・アクィナスは、「神への最初の回心は、信じることにあります（ラテン語：Prima conversio ad Deum fit per fidem）」と書いています[28]。

もし私たちが救いに入るための扉は「純粋無垢」、あるいは戒律やあれこれの徳目を厳格に順守することであると言われたら、私たちは困り果てるでしょう。それでは誰が救いを期待できるでしょうか。しかし、その代わりに救いのための扉は信仰であり、救われる可能性はあなたにとって高すぎることなく、遠すぎるわけでもない、と教えてもらうのです。つまり、救いの扉は「海のかなた」にあるわけではありません（申命記30・13参照）。使徒パウロは、「み言葉はあなたの口、あなたの心にある」と言っています（ローマ10・8）。それは誰にでも手の届く範囲内にあります。神が私たちを自由な存在として創られたのは、他でもなくこの信仰の証しを私たちが立てるためでした。

3. 信仰による「流用」

それ故、すべてが信仰に依存します。しかし異なった種類の信仰があることを私たちは知っています。知的に同意する信仰、信頼する信仰、イザヤ書（7・9）に言及されているような不動のものとする、堅く立つ（確かにする〔新共同訳〕、存続する〔フランシスコ会訳〕）信仰があります。どの種類の信仰が、「信仰による」義という語句に関係しているでしょうか？「それによって私たちがキリストをつかむことのできる（ラテン語：apprehensiva Christi）信仰」とルターが呼んでいるように、信仰による義（正しさ）とはまったく特別な種類の信仰のことです(29)。

他人の所有物を自分の物にしてしまうことは罪深く、法律によって罰せられます。しかしキリストに属している物を自分の物にすることは許されるだけではなく、大いに奨励されています。キリストは私たちに、労せずに得られる流用品を受け取るように「せき立てます！」（この場合の「労せずに得る」とは、神に対して貸しがあるわけでもなく、それに値しないのに、まったく「無償」でということを意味しています！）キリストはご自分の聖性を私たちが流用するようにと熱心に勧めます。私はこの点に関して聖ベルナルドの著作をいつも飽くことなく引用します。

「しかし私についていえば、私自身に欠けている資源は何であれ、憐れみに満ちている主の御心から、自分のために流用（**横領！**）します……。したがって私の徳とは主の憐れみです。主に憐れみが欠けない限り、まさか私が徳を欠くことはないでしょう。そして、もし主が憐れみに豊かである（詩編119・156）なら、私も徳において豊かであるに違いありません……。しかしこれは私自身の義（正しさ）ゆえでしょうか……？　主よ、私はあなたの義だけを心に留めるでしょう。なぜなら、あなたの義は私のものだからです。神はご自身を私の義とされたからです（私、カンタラメッサはここで「私の」という箇所を強調しておきます）[30]」。

神によって「……このキリストは、わたしたちにとって神の知恵となり、義と聖と贖いとなられたのです」（一コリント1・30、新共同訳）と実際、書かれています。キリストはご自身のためにではなく、「私たちのために」これをなさいました！　私たちは、キリストが代価を払って買い取られたものなので、私たちはもはや自分自身のものではなく、キリストのものなのです（一コリント6・20）。逆に言えば、キリストに属しているものは、まるでそれらが私たちのものであるかのようです。私はこれをキリスト者の人生における神業《かみわざ》、幸運、出来事の想定外の展開と呼びますが、私たちはそれを手に入れないまま死を甘んじて受け入れるべきではありません。エルサレムの聖チリロ（キュリロス）は同じ信念を言いかえて表現しました。

「人類に対する神の愛がどれほど偉大であることか！　長年をかけて義人たちは神の承認を得ました。しかし、その人たちが何年もかかって神の承認を得たことを、イエス・キリストはたった一時間であなたにお与えになるのです。あなたがイエス・キリストは主であり、神がキリストを死者の中から復活させたと信じるなら、あなたは救われて、天国に入ることを許された盗賊（訳注：ルカ23・42−43）のように、天国に入れるでしょう(31)」。

古代の別の著述家が次のように言っています。あるコロセウム（円形闘技場）で壮大な戦いが行われていると想像してください。一人の勇敢な男が、残酷な専制君主に立ち向かって、途方もない努力と苦しみをもって、この暴君を打ち負かしました。あなたは戦いませんでした。あなたは疲れておらず、怪我《けが》も負っていません。しかしもし、あなたがこの勇士を称賛し、一緒に彼の勝利を喜び、彼にささげる栄冠を編み（訳注：当時、月桂樹の枝や松の枝で勝利者のために冠を編んだ）、彼の代理人として群衆をあおり立て、勝利者の前で喜んでお辞儀をし、彼に口づけし、彼にあなたの右手を差し伸べるなら――手短に言えば、もしあなたが彼のために大喜びして、彼の勝利をあなたの勝利であると考えるならば、――あなたは確かに勝利者の戦利品の一部をもらえるでしょう。その上にまだありま す。勝利者は自分の勝ち取った戦利品をまったく必要としないが、自分の大勢の支援者たちが栄誉を与えられるのを見ることを何よりも望み、戦いと引き換えに得た彼の戦利品は自分の友人たちに授ける冠であると考えていると想定してみてください。その場合、疲れておらず、怪我もしていない人が冠を手に入れることができるのでしょうか。もちろん、できます。それこそがキリストと私たちの間に起きたことなのです。まったく何の努力もせず、まったく手柄がなく、戦闘経験がないにもかかわらず、信仰を通して私たちはキリストの戦いを賛美し、キリストの勝利を称え、彼の戦勝記念碑である十字架を称賛し、勇敢なお方に対して言い表せない愛を熱烈に示します。私たちはキリストの御傷《おんきず》と死を自分のものとして流用するのです。[32]これは信仰による義の無償の贈り物がどのようなものかをすべて説明するための、単純ですが、意味深い方法です。

4. 義、そして罪の告白

私は冒頭で、信者にとって「信仰による義」という無償の贈り物が生き生きとした体験であるべきだと申しました。カトリック教会と正教会のキリスト者には、この体験を得るための恵まれた手段が存在します。つまり「秘跡」（訳注：正教会では「機密《きみつ》」と言う）、特に「ゆるしの秘跡」（訳注：カトリック教会の儀式書の翻訳では、The sacrament of Reconciliation（和解の秘跡）も、The rite of Penance（悔悛の儀式）も、Confession（告解）も、「ゆるしの秘跡」と総称している。原文は「和解の秘跡」）です。ゆるしの秘跡は、私たちに毎回新鮮な方法で「信仰による義」を経験する非常に有効な手段を提供します。その経験は、聖パウロが言うように「洗い清められ、聖なるものとされ、**義とされ**」る洗礼のときにキリスト者に最初に起こった出来事を更新します（一コリント6・11参照）。「信仰による義」は、私たちが信者になった瞬間に、一度だけ起きたことを説明する「理論」であることを止め、私たちの生活（人生、生命）で絶え間なく更新（刷新）される体験となります。

すべての**罪の告白**が「**喜ばしい交換**」（ラテン語：admirable commercium）をもたらします。キリストはご自身に私の罪を引き受けてくださいます。そして私は彼の義を引き受け、受け取るのです。世界のあらゆる大都市と同じように、不幸なことに、ここローマには、戸外で眠り、わずかな持ち物を引きずって持ち歩いている大勢の住む家のない物乞いや、汚れてぼろぼろになった服を着ている貧しい人たちがいます。もし、ある日、コンドッティ通り（訳注：スペイン広場やトレヴィの泉があり、高級店などファッショナブルな店が連なる通り）のある高級ブティックの経営者が、理由は分からないけれど寛大な気持ちで、来店する人々がボロを脱ぎ捨てて、気持ちの良いシャワーを浴び、着たい衣服を選び、「金銭なしに、代価なしで（銀を払うことなく、価を払うことなく）」（イザヤ55・1参照）それらの衣服をもらい受けることができる企画を立てたという知らせが広まったなら、何が起きるかを想像してみてください。

ふさわしいゆるしの秘跡のすべてにおいて起こることは、まさにこれなのです。イエスは放蕩息子のたとえ話によって私たちにそれを強く印象づけました。「急いでいちばん良い服を持って来なさい」（ルカ15・22）。私たちは告解を終えて立ち去るたびに、イザヤの言葉で、

「まことに、主は、わたしに救いの衣を身につけさせ、
正義のマントをまとわせてくださった」（イザヤ61・10、フランシスコ会訳）

と叫ぶことができます。

ゆるしの秘跡は毎回、あの徴税人の物語の繰り返しです。「『神よ、罪人であるわたしを憐れんでください』。あなた方に言っておく。この男は**義とされて**家に帰った」（ルカ18・13−14、フランシスコ会訳参照）。

秘跡（訳注：聖礼典）としての罪の告白という習慣がないプロテスタントの兄弟姉妹は、礼拝での悔い改めの最中、つまり、「恵の座（講壇前）への招き」（英語：altar call）（訳注：説教者が信者に向かって、キリストに生涯をささげる決意を表明せよと呼びかけ、決心の外的な表明として回心した信者が説教壇の前に設けられた「恵《めぐみ》の座」と呼ばれる特別な場所に跪《ひざまず》いて祈ること）で、自分の罪の赦しを求め、イエスを個人的に自分の主とし、自分の救い主としてイエスを自分の人生に受け入れるという決断を表明するときに、しばしば同じ救いの経験を味わっているのです。

5．「キリストとその復活の力とを知り」（フィリピ3・10）

私たちが見てきたように、イエスの使信と一致する、この「信仰による義」という無償の贈り物についてのすばらしい便りをパウロはどこで受け取ったのでしょうか。パウロは当時、まだ書かれていなかった福音書からこの便りを受け取ったのではありませんでした。むしろパウロはイエスの教えについての口伝《くでん》（言い伝え）と、何よりも神がどのように彼の人生において働きかけられたのか、という個人的経験からそれを得たのです。パウロ自身は、自分が宣べ伝えている福音（「信仰による義」の福音）は人間から受けたものではなく、イエス・キリストによる啓示によって受けたと述べ（ガラテヤ1・11以降参照）、キリストの啓示を自分の回心の出来事と結び付けています。

私は『フィリピの信徒への手紙』第3章の中でパウロが自分の回心について書いた記述を読むとき、夜中に小さなローソクを持って森の中を通っている男のイメージが私の心に浮かびます。彼はローソクが道を照らすための唯一の灯りなので、消えないように非常に注意深くなっています。しかし彼が歩き続けるにつれて、夜明けが訪れます。太陽が地平線上に昇ってくると、彼が持っている小さな灯りは太陽と比較すると弱々しく見えてしまうので、もはやそれを気にかけずに捨ててしまうほどです。

パウロにとっての小さなローソクとは、たとえ、これみよがしの華々しい功績に基づいていたとしても、くすぶっているローソクの芯にすぎない彼の義でした。パウロは、生後八日目に割礼を受けた者、イスラエルの民、……生粋《きっすい》のヘブライ人で……律法の点ではファリサイ派、……律法による義という点では、非の打ち所がありませんでした（フィリピ3・5–6参照）。ある天気の良い日に、太陽がパウロの生涯の地平線上に現れました。それはパウロがこの書簡の中で「私の主、イエス・キリスト」と、限りない情熱をもって呼ぶ、「義の太陽」でした。今やパウロは自分の義は「損失」であり、「塵《ちり》あくた（くず）」にすぎなかったと思い、彼はもう自分自身の義を望まないで、信仰を通してもたらされる義を望むようになりました（訳注：フィリピ3・8）。教会に明らかにするようにと神が望まれたことを、神はまずパウロに劇的に体験させました。

この自伝的な文の中で、パウロにとってすべての中心的な焦点は教義、まして「信仰による義」（信仰義認）の教義でさえなく、キリストというお方であることは明らかです。パウロが他のすべてにまして切望することは「あの方（キリスト）の内にいる者と認められる」こと、「あの方（キリスト）を知る」ことです（フィリピ3・9、10）。そして、この飾らない代名詞（あの方）がそのことを雄弁に物語っています。使徒パウロにとってキリストは本当に生きておられる方であり、表題と信仰箇条からなる綱領や概論などではないことを意味しています（訳注：カトリック教会や正教会の『カテキズム〔要理〕』やルーテル教会の『アウグスブルク信仰告白』、改革派教会の『ハイデルベルク信仰問答』などプロテスタント諸教派の信仰告白や信仰問答を連想させる）。

パウロにとって、キリストの霊に参与すること（「キリストの内に」つまり、「聖霊の内に」生きること）を通じて実現されるキリストとの神秘的合一こそ、キリスト者としての人生の最終目的があります。信仰による義は単なる入り口であり、達成するための手段にすぎません。このことは私たちに、「信仰と善行」という命題に片寄った、パウロの使信に対する、しがない喧嘩腰の解釈を超え（訳注：「信仰のみ」か、それとも「信仰か善業か」というプロテスタントとカトリックとの間に存在する義認教理での命題・概念の対立・相違）、それらの下に潜むパウロの真意を再発見するよう呼びかけています。[33] パウロが第一に主張したいと強く望んでいるのは、**信仰によって**義とされることではなく、私たちが**キリストに対する信仰によって**義とされるということです。私たちは**恵みによって**義とされるのではなく、**キリストの**恵みによって義とされるのです。

「恵み」や「信仰」以上に、「キリスト」がパウロの使信の中心になっているのです。この救いは行い（善業）によってではなく、信仰によって受けられるという主張がパウロ書簡の中に記されていて、おそらくは宗教改革の時代に最も差し迫った関心事でした。しかし、特に、キリスト者をユダヤ化しようとエルサレム教会から派遣された人々（ユダヤ人キリスト者）に向けた論争が『ガラテヤの信徒への手紙』よりは少ない『ローマの信徒への手紙』の中では、このことは一義的ではなく、あくまで二義的です。限りない奥行きがあり、（義認教理よりも）もっと普遍的なパウロの主張——**キリストに対する信仰**による義——がキリスト教世界内部の異なる教派間での論争に狭《せば》められてしまったのは間違いでした。

中世の戦記物語では、弓の射手隊、騎兵隊、ついには全軍が敗れた後、戦いの焦点が王の周辺に移るのが常です。そこで戦いの最後の決定的瞬間が確定します。同じように現代の私たちにとっても戦いの焦点は王（キリスト）の周辺にあります。パウロの場合のように、いかに重要なものであろうとイエスについてのあれこれの教義ではなく、イエス・キリストというお方こそが問題なのです。キリスト教は、イエス・キリストとだけ「興隆したり、衰退したり」するのであって、それ以外の何ものでもありません。

6．「後ろのことを忘れて前のことに全身を傾け」（フィリピ3・13）

私たちがこの黙想を終えるにあたって、パウロは『フィリピの信徒への手紙』第3章の自伝的な部分の後で、現実的な考えを提案しています。

「わたしは、そこへ、すでに到達したわけでも、自分がすでに完全なものになったわけでもないので、目指すものをしっかり捕らえようと、ひたすら努めています。このために、わたしはキリスト・イエスに捕らえられたのです。兄弟のみなさん、わたしは自分がそれをすでにしっかり捕らえているとは思っていません。ただ一つのこと、すなわち、後ろのことを忘れて前のことに全身を傾け、目標を目指してひたすら努め、キリスト・イエスに結ばせることによって、神が、わたしたちを上へ招き、与えてくださる賞を得ようとしているのです」（フィリピ3・12―14、フランシスコ会訳）。

「後ろのことを忘れて」とは、パウロは過去の何について言及しているのでしょうか。聖書のもっと前の方で話していたように、自分がファリサイ人だったことでしょうか。違います。教会の使徒であったという過去です。「損失」と見なすようになった「有利であった事柄」は今や別の話になりました。つまり、新たに無価値なものとなったのは、かつて「キリストのゆえにすべてを損失だと思っていた」、その自負に他なりません。（訳注：フィリピ3・7―8）。「パウロはなんと勇気があることでしょうか！　ガリラヤ人たちの奇妙な一派（訳注：原始キリスト教団のこと。当時のユダヤ人にとって北方の辺境に住むガリラヤ人は田舎者だった）のために、大変立派なラビとしての経歴を断念するなんて！　そしてなんとすばらしい書簡を書いたことだろう！　なんと多くの宣教旅行をパウロは企て、なんと多くの教会を設立したことだろう！」、こう考えるのも無理はありません。

使徒パウロは自分自身とキリストとの間に自分の働き――この場合キリストのために

行った働き――に基づいた「自分の義」を置くことの致命的な危機を感じて、猛反発しました。パウロは「私がすでにこれ［賞］を得たとか、あるいは自分がすでに完全なものになったわけではありません」と言っています（フィリピ3・12、ＥＳＶ改訂標準訳改訂版、和訳）。アッシジの聖フランシスコは、臨終が近づいたとき、「さあ、兄弟たちよ、主なる神に今から仕え始めよう。私たちはこれまで、ほとんど何もしてこなかったか、またはまったく前進してこなかったのだから」と言って、あらゆる自己満足の誘惑を急いでさえぎりました(34)。

これは教会の中ですでにキリストに従って、キリストに奉仕している人たちにとって最も必要な回心です。それは悪を断念することから成立する回心ではなく、ある意味で、善いことを手放す（善いことに執着しない）特別な回心です。私たちは、「あなた方も命じられたことをすべて果たしたとき、このように言いなさい、『わたしたちは取るに足りない僕です。なすべきことを果たしたにすぎません』」（ルカ17・10）とのキリストのみ言葉を繰り返しながら、自分が過去に行ってきたすべてから遠ざかる必要があるのです。そしてたぶん私たちは、なすべきほどには実行していませんでした。

すべてを空《から》にした謙遜な心で、降誕祭を祝うようにと私たちを鼓舞するすばらしいクリスマスの伝説があります。ご降誕の夜に幼子イエスを拝むために道を急いだ羊飼いたちの中に、非常に貧しかったので、贈り物にできる物をまったく持っていないことをとても恥ずかしく感じていた少年がいました。まぐさ桶《おけ》の所で、羊飼いたち全員が各々贈り物を差し上げようと競っていました。聖母マリアは幼子を腕に抱いていたので、どのようにすべての贈り物を受け取ればよいか分かりませんでした。そこでマリア様は、その年若い羊飼いの両手が空であったので、彼に幼子イエスを託しました。手が空であったことは少年にとって幸運でした。そして、別の意味で、私たちの両手も、この羊飼いの少年と同じように空にできるのです。

待降節の叙唱として唱えられる「聖母マリアはイエスをご胎内にやどされ／慈しみをこめて養い育て」（訳注：英語版「聖母マリアは語り尽くせないほどの愛をもってイエスをご胎内に宿された」）という典礼文が絶えず私たちにこのことを思い出させる今日この頃です。(35)

私たちもキリストが私たちから受け取られるのにふさわしい最大限の信仰と愛をもって主をお迎えする準備をいたしましょう。

第四章

「あなたのためにこの日……救い主が生まれた」どのようにして現代にキリストの救いを宣言すればよいのか

あるクリスマスに、私はサン・ピエトロ大聖堂でローマ教皇が司式を務められた真夜中のミサで、教皇様のお側に立ってミサをおささげしておりました。クリスマスの日、『ローマ殉教録』（訳注：カトリック・ローマ典礼の公式殉教者録で、クリスマスには降誕祭（夜半）ミサに先立つ聖務日課の朗読と組み合わせても良いことになっている）の祈りを詠唱する時間でした。

「世界の創造から五一九九年後に、……
出エジプトから一五一〇年後に、……
ローマ帝国興国から七五二年後に、
〔皇帝〕オクタビアヌス・アウグストゥスの治世四十二年目に、……
イエス・キリスト、永遠の神であり、永遠の御父なる神の御子はご自分の恵みあふれる来臨によって世を聖化することをお望みになりました。
イエスは聖霊の力によって受胎されました。
そして九カ月後にイエスはベツレヘムでユダ族として
聖母マリアから人間としてお生まれになりました[36]」。

私はこの典礼文を耳にしたとき、今日《こんにち》「信仰の油注ぎ」と呼ばれるようになった経験、つまり、思いがけない、ある種の清澄な意識に促されて「それは本当です！　それはすべて本当です！　これらは言葉だけのことではありません。神は本当にこの地上に来臨されました」と独りつぶやく体験をしたのです。予想外の感動のうねりが私の存在を満たしたので、私は「至聖なる三位一体よ、感謝いたします。神の母なる聖母よ、感謝いたします！」と言うことしかできませんでした。そのようなわけで、この黙想の終わりに際して、皆さまと、現代におけるキリストを通じた救いというテーマについて分かち合いたいと思います。

1. 人類は、どのような種類の救い主を必要としているでしょうか

クリスマスの夜に天使が羊飼いたちに現れて、「わたしは、民全体に及ぶ、大きな喜びの訪れを、あなた方に告げる。今日、ダビデの町に、あなた方のために、救い主がお生まれになった。この方こそ、主メシアである」（ルカ2・10－11、フランシスコ会訳）と言いました。「救い主」の称号はイエスの生涯の間はイエスに適用されませんでした。ユダヤ民族にとって「メシア」という称号の中に救い主の概念も含まれていたので、あらためて「救い主」の称号の必要はありませんでした。しかしキリスト教信仰が異教徒の社会に現れるとすぐに、「救い主」の称号は、皇帝やアスクレーピオスのような、いわゆる「病気治し」の神々のためにその称号を使う習わしに対抗するために、決定的な重要性を持つことになりました。

この称号は新約聖書と使徒の時代にすでに存在しています。マタイは「イエス」という名前こそが「神は救う」という意味であることをわざわざ強調しています（マタイ1・21参照）。パウロはイエスを「救い主」（フィリピ3・20）と呼びます。ペトロは、使徒言行録において、イエスが唯一の救い主であることをはっきりと述べます。「この方以外の誰に

よっても救いは得られません」（使徒言行録4・12）ということを明示しています。ヨハネは、サマリア人たちによる厳かな信仰告白をさらに付け加えました。「わたしたちは、もうあなた［サマリアの女］の話によって信じているのではない。この耳で聞き、この方こそまことに世の救い主であると分かったからだ」（ヨハネ4・42）。

この救いには、とりわけ罪の赦免がありますが、それだけではありません。聖パウロにとって、救いとは私たちの肉体の最終的な贖い（からだの復活）も含みます（フィリピ3・21）。キリストによる救いには、「陰」――罪と悪の力からの解放――と、「陽」――新しい生命（新生）という賜物、神の子としての自由、聖霊、永遠の命への希望――の両面があります。

しかし、初代教会のキリスト者にとって、キリストによる救いとは単に啓示によって信じることのできる真理であっただけではありませんでした。救いは、とりわけ彼らの礼拝の中で喜々として宣言され、体験された現実でした。神のみ言葉と秘跡のおかげで、信徒はキリストによってもたらされた救いの神秘を実際に生きていることを感じるのです。つまり、救いによってもたらされる自由、照らし、贖い、成聖などです。聖書記者たちが証明する必要さえ感じることのない基本的に自明の事実です。

啓示された真実と生き生きとした体験という二重の次元において、「救い」という概念は教会をイエス・キリストに関する十全な真理へと導く上で決定的な役割を果たします。救済論はキリスト論にとって、航空機のプロペラや船のスクリューのように、背後にあるすべてのものを牽引《けんいん》し、前方にあるすべてのものを押し出す力となったのです(37)。

度重なる公会議での偉大な教義決定は、キリストの救いという信者の体験を活用することによって、成し遂げられたのです。「キリストに触れると私たちは聖なる者に変容される（神化〔テオーシス〕する）ので、キリストは神であられるに違いありません」と公会議に参加した教父たちは言いました。アタナシオ（アレクサンドリアのアタナシオス）は次のように書いています。

「神のみ言葉（訳注：キリストのこと）がまとったのが人間の肉体でなかったなら、私たち人間は罪と呪いから自由になっておらず（なぜなら人間は異質なものと何も共有すべきでなかったから）、……人間として受肉したみ言葉が、その本性《ほんせい》において、御父から発出せず、御父から見て正しく、ふさわしくなかったなら、人間は『神』（神の子）へと変容されなかっただろう(38)」。

（訳注：聖アタナシオ（アタナシオス）の有名な言葉に「神が人となられたので、人は神になった〔神化した〕」というものがある）。

教父の時代には、キリスト論と救済論との間のつながりは、人間論によって仲立ちされました。この事実が物語るところによれば、人間についての異なる理解に対応してキリストによってもたらされる救いも異なった形で提示されます。この過程は次の三つの重要な問いに対する答えとして展開していきます。一番目の問い、「人間とは何であるか？」そしてどのように人間の中に悪が存在しているのか？」二番目の問い、「どんな種類の救いが人間のために必要か？」三番目の問い、「どんな種類の救い主が人間の救いのために必要か？」これらの質問に対する異なった答えから、キリストの人格《ペルソナ》と、キリストによる救いに関するさまざまな理解が生じます。

例えば、プラトン哲学の観念が優位だったアレクサンドリア学派においては、人々の中の悪、最も救いを必要としている部分は肉体であるので、神のみ言葉は肉となり、腐敗から解放され、肉体が神性に与《あずか》った（神化された）瞬間として、すべてにおいて受肉が強調されました。この考えを極端に推し進めたラオディキアのアポリナリオスは、霊魂それ自体が永遠のロゴスの火花であるので救われる必要はなく、神のみ言葉は人間の霊魂を担わなかったという異端説を唱えるに至りました。キリストにおける人間としての理性的な霊魂は、永遠のロゴスのペルソナによって置き換えられるからです。すなわち、神のみ言葉であるロゴスが、すでに人間の中に完全に現存しているなら、永遠のロゴスの火花はそもそも必要ありません。

アリストテレス的思考法、つまり、曲がりなりにもプラトン哲学的でない見方がどちらかと言えば優勢だったアンティオキア学派においては、アレクサンドリア学派の主張とは逆に、人々の中の悪は、魂に、特に魂の中の反抗的な意志に存在すると考える傾向が支配的でした。それ故、アンティオキア学派は、キリストの完全な人間性（人性）を強く主張し、イエスの復活の神秘を強調しようとしました。キリストが人間を救うのは、魂をもった人間としての死に至るまでの従順に基づくこの神秘を通じてです。カルケドン公会議で、教会はこの二つの立場を統合して、キリストとキリストによってもたらされる救いに関する完全な考えに到達することになります。

しかしキリスト教信仰は、所与の文化的環境下で育まれた救済観に応答することだけに制約されません。それ自体で救済観を作り出し、旧来の救済観の限界を超えて拡大させていくのです。このようにして、教会は「肉体の」救済（からだの復活〔肉身のよみがえり〕）を説くことで、「肉体から」の救済の理想を説くプラトン哲学や、グノーシス（訳注：肉体蔑視を特徴とする善悪二元論の異端の一つで、霊魂が霊魂を閉じ込めていた肉体を離脱することで、創造主によって造られた不完全で苦しみに満ちた被造世界よりも完全で高次の「霊」の世界に到達できると教える。若き日のアウグスティヌスが傾倒したマニ教もその一つ）の理想に対抗してきたことが分かります。死後の命は（死後には目的もなく、何ら望ましいこともないので）、現世の人生より退屈で、現世への郷愁に費やされているだろうという世界観に対して、キリスト教は、神を仰ぎ見て生きる（訳注：いわゆる「至福直観」のこと）、永遠に豊かな未来の生命という考えで応じます。

2. 私たちには、まだ救い主が必要でしょうか

私は最初の黙想で、現代、キリストに対する信仰の状況の多くは、初代教会に類似した状況であることを見いだし、その後、大部分が再び異教徒になった世界に再度福音を説く方法を学ぶべきであると申し上げました。私たちも同様に三つの質問をする必要があります。

①現代、人間に関するどんな概念があるのでしょうか。また、人間の中に悪がどのように存在していると考えられているでしょうか。
②それなら、どんな種類の救いが、彼らのために必要でしょうか。
③現代、救いへの希求に応える私たちが、ある意味でどのようにキリストを告げ知らせ

ればよいのでしょうか。

黙想では、そうする必要があるのですが、非常におおまかに単純化しますと、救いに関するキリスト教信仰の外部からの二つの重要な視点、すなわち諸宗教と科学を挙げることができます。

いわゆる新興宗教――例えば、ニューエイジ運動――では、救いは外からは来ないで、可能性として人間内部にあります。救いは、全宇宙のエネルギーと生命との調和、あるいは共鳴振動に入ることにあります。それで、「救済者」の存在は必要がありませんが、自己実現の道を教える指導者や導師《グル》が必要です。先ほどの黙想でパウロの宣言によって明確に反論されていますので、私はこの観点について時間を費やさないつもりです。「人は皆、罪を犯して神の栄光を受けられなくなっていますが、ただキリスト・イエスによる贖いの業を通して、神の恵みにより無償で義とされるのです」（ローマ3・23–24、新共同訳）。

代わりに、無神論的科学からの挑戦を考察しましょう。最も時流に乗った無神論は、今日フランスの生物学者ジャック・モノーが『偶然と必然』という著書によって普及させた、いわゆる科学的な無神論です。「古代の契約は散逸してしまいました。……人間はついに宇宙の無感覚な無限の中にいる孤独な存在にすぎないと知ることになるのです。人間は偶然、そこから生まれました。人間の運命はどこにも説明されていませんし、人間の義務も同様です」とモノーは結論づけます。[39]私たち「人類」の数が単にルーレット盤の上で決まったというそれだけの理由で、私たちは存在することになります。[40]

この観点によれば、救いの問題は重要な論点でさえありません。救いの問題は、実際には暗闇に向かって進んで、偶然と必然によってのみ支配される宇宙の中で、目的と目標を見定めようとする、モノーがアニミズム（精霊信仰）的心性と呼ぶものの名残とされています。唯一の救いとは、科学によって提供されたものであり、どんな自己満足の幻想も存在しない事物の状態に対する自覚です。

「近代社会は、科学の上に築かれています。近代社会の富と力、もし私たちがそう望むなら明日はより大きい富と力が手に入るだろうという確信を科学から与えられています……。科学のおかげで、あらゆる力で武装し、あらゆる富を享受している私たちの社会は、科学自体によってすでに根底から爆破された諸価値の体系にしたがってなお生き、なお、これを教えようとしているのです[41]」。

私の目的はこれらの理論の是非を論じることではなく、今日私たちがキリストによる救いを宣言するために神から呼ばれている文化的文脈について大体のイメージを伝えるだけです。しかし、ちょっと観察してみなければなりません。人類の数がルーレットによって決まり、生命が無生物の要素の無作為の組み合わせの結果であるとしましょう。しかしそうだとしても、ルーレットにおいて人類の総数が生じるには、そこに番号を指定してルーレットを回した誰か（訳注：著者は創造主である神の存在を示唆）がいる必要があります。誰がそれらの構成要素に「偶然」を提供したのでしょうか。これは、それに答えるのは科学者の仕事ではないという素っ気ない答えを除いては、今日に至るまで科学者の誰もどのように答えるべきかを知らなかった古くからの明白な疑問です。

次の一つのことは、確実であり、論争の余地がありません。つまり宇宙の存在と人間存在は、それ自体で説明がつきません。科学が提供できる判断材料を超えてさらに詳しい説明を見いだそうとするのを諦めることはできますが、神の仮説なしで科学がすべてを説明できると言うことはできません。偶然は宇宙の起源を説明するのではなく、せいぜい宇宙の「あり様《よう》」を説明しているのです。科学は宇宙をありのままに説明しますが、宇宙が存在するという事実そのものを説明するわけではありません。懐疑的な科学は神秘を排除しません。ただ、「神秘」という呼び方を変えるのです。つまり、「神」の代わりに、現代では「偶然」と呼ぶのです。

モノーの論文に対する最も著しい反論は、（モノーの意見では）「今や人類がその命運を託すべき」はずの科学から寄せられていると思います。今日科学だけでは宇宙に関するすべての疑問に答えたり、人類の必要を満たすことは不可能であることを認めて、モノーが科学の情け容赦ない敵と見なした、例えば哲学や宗教などの「価値体系」と対話を模索しているのも、事実、彼ら科学者なのです。その上、私たちは自分自身のために次のこともっと理解せねばなりません。科学技術の並外れた成功は必ずしも地球をもっと自由で、もっと平和な場所にするわけではない、ということです。

モノーの著書は、科学者が自分の科学的分析から哲学的な結論を引き出そうと望むとき、その結果は、かつての哲学者が哲学的分析から科学的結論を引き出したときと変わらないことを立証しているように、私には思えます。

3．キリストは私たちを空間から救います

新しい文化的状況においてキリストによる救済を、どのような意義深い方法で宣言することができるでしょうか。人類の生命が地球上で進展する二つの座標である「空間」と「時間」は、キリスト教信者でさえ眩暈《めまい》を感じるほど、突然に広がり、不意に加速していきました。古代の人々にとっての「七つの天」は、それぞれが少しずつ高くなっていく天

でしたが、近代の宇宙の概念では、数十億光年の距離で隔たっている千億もの星で構成された千億個の銀河になりました。世界の創造は、聖書では四千年か五千年前とされていましたが、近代科学では百四十億年前になりました……。

　私はキリストに対する信仰は、この衝撃に耐えうるだけではなく、拡大していく空間の次元の中で、キリストを信じる人には誰にでも「幼子が、母のふところに憩うように」(詩編131・2、フランシスコ会訳)自由に楽しく、安らかに過ごせる可能性を提供できると信じています。

　まず、キリストに対する信仰は、私たちを空間の無限さから救います。私たちは、その広大さを想像したり、数量化できないほど果てしなく無限に拡大し続ける宇宙に住んでいます。この圧倒的な広大さを感じる経験をするのは、私たちが最初ではありません。何世紀も前に、詩編の著者はこう叫びました。

「わたしは、あなたの指の業である天を仰ぎ、
あなたがちりばめられた星と月を見て思います。
人とは何者なので、これをみ心に留められるのですか。
人の子は何者なので、これを顧みられるのですか」(詩編8・4－5)。

ブレーズ・パスカルは省察録の一つに書いています。「私は、過去と未来を思い、永遠の中に飲み込まれた私の短い人生のことを考えるとき、自分がごく小さな空間を満たしているだけで、宇宙について無知で、私のことを知らない宇宙の広大無辺の無限の中に飲み込まれていると思うとき、驚いて、怖くなりました(42)」。

しかし広大な宇宙は、現代の普通の人々の意識の上にのしかかる最強の重圧とは言えません。地上にマスメディアが出現したことによって、人類を取り巻く空間が突然、拡大して自分たちがいっそうちっぽけな、取るに足りない存在になって、だだっ広い舞台の上で途方に暮れている俳優のように感じるほどになったという事実があります。

映画やテレビやインターネットは、常に私たちの目の前に、私たちが潜在的に持っていたが失ってしまったチャンスや、やりたくても自分にはできないことをひけらかします。自分の運命に対する諦めから来る欲求不満や自分の運命を仕方なく受け入れる態度が心の中に忍び込んだり、他の事例では無名であることから逃れて、他人からの注目を集めたいという強迫観念のような欲求を引き起こすのです。前者の場合は、かけがえのない個性を持った一人の人間が他人の人生を代理的に自分の人生であるかのように生きるようになり、他人の追従者やファンへと変貌させてしまいます。後者の場合は、かけがえのない個人個人の人生（生命・生活）が、その人の職業的な経歴へと矮小化《わいしょう》化されてしまうのです。

　キリストに対する信仰は、どんな犠牲を払ってでも「ひとかどの人」になるために、自分の限界を越えて、しゃにむに自分を前進させる必要から私たちを解放します。主への信仰は、有名人を妬むことからも、私たちを解放します。信仰は、自分自身や世界の中で自分が暮らしている場所と私たちを和解させます。私たちがまさに今暮らしている所で、私たちが幸せで、満ち足りて生きていくことを可能にするのです。「［み］言葉は人となって、わたしたちの間に住まわれた！」（ヨハネ1・14、新改訳）。無限の存在である神は来臨し、ちょうどあなたがいる所にあなたに向かって継続的に来てくださるのです。キリストが受肉して到来されたことは、何世紀もの間、聖体によるキリストの現存によって生き生きと保たれ、あらゆる場所を最良の場所へと変えます。もし私たちが地上の最果ての遠い村にいるとしても、私たちの心の中でキリストと共にいるならば、私たちはまさに世界の中心にいると感じます。

　このことは、なぜ、それほど大勢の信者が男性も女性も、皆に知られない状態（世に隠れた状態）で生きることができ、世界の中で地味な仕事を行うことができ、あるいは修道院の中で沈黙を守りながら、自分自身が地上で最も幸せで満ち足りている民であると感じることができるかを説明します。十字架の（御受難の）イエスの聖マリア（訳注：本名マリアム・バウアルディ。アラビア語とギリシャ語で聖体祭儀が祝われる「メルキト典礼」と呼ぶカトリック東方典礼の家庭に生まれた聖女。カルメル会で修道生活を送った。二〇一五年五月、教皇フランシスコにより列聖された）という修道女は、パレスチナ出身であることと小柄な体格のために「小さなアラブ人」として知られており、聖体拝領をした後、自分の席に戻ったときに、小声でひそかに独り言をつぶやいていました。「今、私にはすべてがあります。今、私にはすべてがあります」。

キリストが光輝と力と威光を伴って来臨するのではなく、弱さと貧しさの内に降臨したということは、今日の私たちに新しい意義をもたらします。キリストが、当時の大都市――ローマやアレクサンドリアやエルサレム――ではなく、片田舎のガリラヤの村に住んでいる「謙遜なはしため」をご自分の母として選び、――地味な大工の仕事を選んだことは、新しい意義をもたらします。私たちは当時の世界の真の中心がローマやエルサレムのいずれでもなく、「ユダの氏族の中でいと小さき者」（ミカ5・1、新共同訳）であるベツレヘムであり、その後は人々が「何か良いものが出るだろうか」（ヨハネ1・46参照）と言ったナザレであることを知っています。

先ほどの社会についての一般論は、さらに教会につながっている私たちにももっと当てはまります。私たちがどこにいようと、どんな職務を果たしていようと、キリストが私たちと共にいてくださるという確信が、キャリアを磨いて、最も高い地位に登りつめることへの執着心から私たちを解き放ちます。誰も（特に説教者には！）このような感情や自然な欲求を経験することから完全に免れているとは言えませんがキリストのことを考えれば、こうした野心が自分たちの行動の有力な動機とならないよう、少なくともそれを認識して、抗《あらが》うことに役立ちます。このことによって得られるすばらしい果実とは「平和」です。

4．キリストは私たちを時間から救います

キリストによる救いを私たちが経験する二つ目の領域は時間です。時間に関する私たちの状況は、使徒の時代とさほど変わっていません。問題は同じままであり、「死」と呼ばれます。『ペトロの第一の手紙』の中で、キリストによる救いは、洪水からのノアの救いになぞらえられています（一ペトロ3・20以降）。しかし世界中で常に発生している洪水があります。それは「時間」です。勢いが最高潮に達した川のようで、すべてを水中に沈め、私たちすべてを、各世代の人々を次々に、未知の果てしない海に向かって押し流します。

十九世紀のスペインの詩人、グスタボ・ベッケルが、人が死に直面するときのすばらし

い認識を表現しました。

「巨大な波は疾風によって逆巻き、
あてどなく流れ、しぶきを立てながら流れ、
遠い岸辺を探し求めながら彷徨《さまよ》い行く。
光はさざめく波紋の数々をきらめかせて
いまわの際《きわ》には明滅するが、
これらの波紋のうち、どれが最後となるやら知る由もない。
出まかせに、そして
自分がいつこの世に生まれ、
わが足取りがどこに自分を導くかもおぼつかないまま、
浮き世を渡る私も、
この波紋にほかならないのだ(43)」。

人間すべての行動の本当の動機は、死の否定にあると考え、(ジークムント・フロイトが考えたように行動の原因としてではなく)その現れの一つとして性本能を含める現代心

理学者たちがいます。[44] 聖書の民は、自分たちが子孫を通して生き続けるだろうという信念によって慰めを感じていたでしょう。古代の異教徒は名声によって生き続けることを信じていました。例えば古代ギリシャの詩人、ホラティウスは「私のすべてが死ぬわけではないだろう」（ラテン語：Non omnis moriar）と言いました。[45]「銅像よりも耐久性があるのは……／（詩作によって）私が建てた記念碑である……」（ラテン語：Exegi monumentum aere perennius）と。[46]

現代、人々はそれに代わり、「種の存続」に注目しています。モノーによれば、種の存続のためには、誰であろうと個人の生存はまったく重要性をもちません。種の存続は、繁殖することが可能な子孫を増やす種の能力に依存しているそうです。[47] これは弁証法的唯物論の代わりに生物学に根拠を置くマルクス主義思想の二番煎じですが、どの場合でも、死や現世で自分の存在を終わらせたくない願望に直面した人間の不安を鎮めるためには、種の存続に対するいかなる望みでも不十分であることが分かりました。

（同じく「世俗主義者」であった）哲学者のミゲル・デ・ウナムーノは、彼が永遠を探求したかどで彼の思い上がりや僭越《せんえつ》を非難した友人に対して、次のように答えました。

「私は、私たちが死後の生命に値するとも、死後の世界という理屈が私たちに死後の命を示すとも言っていません。私は、自分が値するか否かにかかわらず、死後の生命を必要とし、それこそがすべてであると申し上げます。私は、死すべきものは私を満足させないこと、私が永遠を求めて渇いていること、それ以外のすべてについて私は無関心であると申し上げます。それなしで生きることにはもう喜びがありません……。

『あなたの生活を続けてください。あなたはこの世に満足していなければなりませんから』、と言うことはあまりにも単純すぎます。では、それで満足しない人たちはどうすればよいというのでしょうか」(48)。

永遠を切望する誰もが生命を愛します、生命を愛さない人は永遠を望まないので、人生なんて簡単に終わってしまうのが当然であるという考えに甘んじるのです、とウナムーノは言っています。

キリスト教信仰は、このすべてについて何を言わなければならないでしょうか。一つの単純で劇的なことがあります。死は厳然として存在しています。そして、それは私たちの問題の中で最大のものです。しかし、キリストは死を滅ぼされたのです！　死はもはや、かつてそうであったようなものではありません。つまり、何らかの意味で終焉をもたらすような、そして世界の隅々にまで浸透している現実ではなくなりました。死は、その毒が噛《か》んだ人を数時間だけ眠らせることができるものの、その毒では人を殺せない大蛇のように、その毒牙を失いました。死はもはや、その前にすべてが木っ端みじんに壊れてしまう壁ではなくなりました。死は通過、つまり「過ぎ越し」になります。「私たちは過ぎ去ることのないものを、過ぎ越すのです」。聖アウグスティヌスは、かつてこう言いました(49)。

イエス――このみ名こそはそれ自体で、偉大なキリスト教の宣教です――は実際、ご自分のためだけにご自分の生命をささげたのではありません。イエスは、ソクラテスのように単に英雄的な死の模範を私たちに残したのではありません。イエスはまったく違うことをなさいました。パウロは、「一人の方がみなのために死んだ」（二コリント5・14、フランシスコ会訳）と言い、「イエスは、神の恵みによって、すべての人のために、……死を味わったのです」（ヘブライ2・9）と叫びます。「わたし［イエス・キリスト］を信じる者は、たとえ死んでも生きる」（ヨハネ11・25）。このみ言葉を、本気で、しかも字義どおりに受けとめる人は少ないと思いますが、それにもかかわらず喜びの叫びを、つい上げてしまうほどの並外れた確約です。

キリスト教は、単なる死に対する恐怖のために良心へと進ませるのではなく、キリストの死によってそこに進んでいくのです。イエスが来られたのは人々を死に対する恐怖から解放するためであり、恐怖感を強めるためではありませんでした。神の子が私たちと同様に血と肉を持ち、「死を司る者、すなわち、悪魔をご自分の死によって滅ぼし、また、死の恐怖によって、生涯、奴隷の状態にあった人々を解放するためでした」（ヘブライ2・14−15）。

これらすべてがキリストの復活とは無縁な「自己満足の幻想」ではないという証拠は、いったん信じると、人々はすでに死に対する何らかの勝利を体験するという事実にあります。昨年の夏に私はロンドンの英国国教会のある小教区（訳注：小教区とは、「Alpha course：アルファ・コース」発祥の地、ホーリー・トリニティ・ブロンプトン教会のこと。「アルファ・コース」は、キリスト国の再福音化のための「新しい福音宣教」の道具として注目され、この信仰入門講座と方法をカンタラメッサ師は推薦しておられる。国際アルファ・カンファレンス開演講話、二〇〇五年五月の師の講話は、この本の第一部「世に打ち勝つ信仰」と重なる話題を取り上げている。同名の小冊子はアルファ・ジャパンで配布されている）で説教をしました。その教会は若い男女で満席でした。私はキリストの復活について話をしていました。そしてある時点で、私はひととおり前座での討論を終えた後、出席者に対して次のような質問をするように聖霊に促されました。「皆さんの中で何人が、生まれつきの盲人のように、『私は目が見えなかったが、今、見えます』（訳注：ヨハネ9・25参照）、あるいは『私は死んでいましたが、今、私は生きています』と言うことができるでしょうか」。私がこの質問を終える前に、すでに大勢が手を挙げて、手の海のようでした。彼らの中の数人は、何年間も麻薬に溺れ、刑務所に収容されて、自暴自棄に生き、中には自殺未遂の者さえいました。その一方で、ビジネスやエンターテインメントの分野において有望な経歴を持っている人たちもいました。

教皇ヨハネ・パウロ二世は、彼の老い先と健康状態を気遣っていた親友たちに向かって、死が近づいた頃のある日、突然、車椅子から頭を持ち上げて低い声で、ホラティウスの詩の一節を引用しました。「私のすべてが死ぬわけではないでしょう（Non omnis moriar.）」。しかし、ヨハネ・パウロ二世がそう言ったとき、別の重要な意味がありました。それは現世的な名声を通して生き続けるのではなく、神の内にこそ生き続けるのだ、という確信でした。

5. キリスト、「私の」救い主

しかし私がキリストを「世の救い主」として認めることだけでは、十分ではありません。私はキリストを「私の救い主」として認める必要があります。人がいったんこのことを発見して、この照らしを受け入れる瞬間は決して忘れることができません。そうすれば、その人は使徒が何を言おうとしていたかを知ることになります。「キリスト・イエスは罪人を救うためにこの世に来られた……。わたしは罪人の中の罪人です」（一テモテ1・15）。

救いについての「個人的」で「主観的」なとらえ方は、キリスト教の霊性に対するマルティン・ルターの最も重要な貢献の一つです。「あなたは確固とした信頼によって、あなたの罪のためにもキリストは渡された（裏切られ十字架につけられた）のだと、そしてあなたはキリストがその罪の故に渡された者たちの一人であるということを当然のことと考えなくてはなりません。この信仰はあなたを義とします。というのも信仰によって、あなたの中にキリストが住み、生き、統治することになるからです」[50]。このように信仰の個人的な流用を通して、「私」に与えられたものとしてキリストを手に入れるのです。キリスト、――キリストの生涯、み業、死と復活――は「あなたのもの」です。キリストがそうであるすべて、キリストが持っているすべて、キリストができるすべてが、あなたのものである点において真の意味で、事実「あなたのもの」なのだ、と宗教改革者ルターは主張しています[51]。それで、信仰の業《わざ》とは、キリストの勝利をもらい受けて、わがものとして使うことです。これは「私のため」である、と信じることは信仰を本物にし、それをあるさまざまな出来事が起きたと信じることだけに基づく他のあらゆる類《たぐい》の信仰から区別します(52)。これこそ、パウロが単数形で、「神の子は……わたしを愛し、わたしのために身をささげられた」（ガラテヤ2・20）と宣言したことです。

ルターの神学上の洞察は十八世紀を通して実践された経験となり、その後、現代まで続く大きな霊性史上の運動となりました。無味乾燥になり、合理主義的になったプロテスタントの正統的信仰の命をよみがえらせることを望んで、大勢の人々がギリシャ教父の偉大な伝統やカトリック神秘主義との絆を新たにしようと探究し、（トマス・ア・ケンピスの）『キリストに倣いて』のようなキリスト教霊性の古典の書籍を読んで、翻訳を始めました。ドイツのキリスト教徒の中で、敬虔主義（訳注：十七世紀末にルター派内に起こり信仰の内面化・敬虔化を主張した）を産み、アングロサクソン系のキリスト教徒からメソジスト教会を産み出した運動でした。

この点において、メソジスト運動の創設者であるジョン・ウェスレーの経験は決定的なものでした。ある夜、ウェスレーはロンドンで、『ローマの信徒への手紙』刊行の際にルターが記した序文についてある人が論評する会合に行きました。そこで何が起きたかについての彼自身の記述です。

「九時十五分前ごろに、論評者が、神がキリストに対する信仰を通して心にもたらす変化について説明していたときに、不思議なことに私は自分の心が温かくなってきたことを感じました。私は自分が自分の救いのためにキリストだけを信頼していると感じました。そしてキリストが私の罪を取り去り、私の責務さえも取り去って、私を罪と死の掟から救ったという保証が私に与えられているように感じました。悪意に満ちて特別なやり方で私を利用し、迫害した人たちのために、私は全力で祈り始めました[53]」。

ジョン・ウェスレーの弟のチャールズ・ウェスレーも同様な経験をし、彼の作った一つの賛美歌の中で、彼は救い主を「私の救い主」と呼ぶことができる喜びと、キリストの贖罪の血潮が直接「私の魂に」用いられたと感じることの喜びを歌にしました[54]（訳注：日本での題名は「世にある限りの」『讃美歌21』4番）。英語圏のキリスト教共同体の中で、この霊的な環境の中で生まれ、明らかにアメリカの黒人奴隷の歌から派生している、とても美しいメロディーを持つジョン・ニュートン作詞の感動的な賛美歌、「アメイジング・グレイス（驚くばかりの）」（訳注：歌詞中では、黒人奴隷貿易に関わったことに対する悔恨と、それにもかかわらず赦しを与えてくださった神の愛に対する感謝が歌われている。ジョン・ニュートンは回心後、牧師になる）を歌わない教会はありません。歌詞の最初の部分は次のとおりです。

「おどろくばかりの恵みなりき！（なんと甘美な響き）
この身のけがれを知れるわれに！
かつて道を見失い、今やキリストに探し出され、
［霊的に］盲目なりしわれは、今や見ることを得たり」(55)。
（訳注：日本では後半の2行は下記のように意訳されている。
「恵みはわが身の　恐れを消し
任する心を　起こさせたり。」）

キリストを通して得られる救いの体験は、ペトロが湖面で沈んでいく場面で、すばらしい証しが例示されています。私たちは日常生活で沈没・沈下の経験をします。つまり、罪、生ぬるさ、落胆、不信心、疑い、悲しみ、惰性などです。信仰自体は、断崖絶壁の道の端を歩いて進むようなものであり、私たちがバランスを失って、谷間に落ちたどんな瞬間でも——私たちは、不信仰に陥ったのではないかと感じるのです。

これらの状況でも、あなたがキリストの手を探し求めて、その手をつかみさえすれば、キリストの手は（あなたが湖に沈む度に）毎回あなたを引き上げる準備ができているのを知ることは、大きな慰めとなります。復活徹夜祭の典礼の間に復活賛歌で歌われる喜びの

ように、私たち自身が罪人であると気づき、赦しを必要としていることへのある種の深い喜びを体験することさえできます。「おお、私たちのために偉大な救い主を得た幸いなる罪よ！」[56]。そのとおりです。私たちがキリストの内に、自分たちのためにどんな救い主を戴《いただ》いているかを発見するのに役立つのが罪だとするなら、罪は喜ぶべきことでさえあります。

もし私たちに罪の経験がなければ、人を赦すことがどれほど必要か、どれほど多くの涙が流されるべきか、どれだけ多くの謙遜な嘆願の祈りがささげられるべきか、どんなにか心底からの感謝を抱くべきか、他人の罪に対してどれほど忍耐すべきかを、私たちは決して理解できなかったでしょう。仮に神が、私たちをすべての誘惑とすべての堕落から免れさせていたならば、「デ・プロフンディス（われ、深き淵より）」と「ミゼレーレ（あわれみたまえ）」を唱える回数が減るか、またはもっと冷めた情熱で唱えることになったことでしょう。復活祭の「復活賛歌」（復活徹夜祭で歌われる「♪神の使いよ　天に集い　声高らかに喜び歌え～」から始まる典礼聖歌）の祈りの中に、アダムの罪は「幸いである」だけでなく、「必要である」とさえ言われているという認識がキリスト教には存在します[57]。キリストの死によって滅ぼされたアダムの罪は本当に「必要でした」。

「恵みが増し加わるのを期待して、罪の中に留《とど》まるべきだというのでしょうか。決してそうではありません」（ローマ6・1―2、新共同訳）ということは本当ですが、私たちが罪を犯すと、罪は私たちが罪を犯さなければ決して知らなかったであろう恵みの機会になりうることも本当です。神は私たちが恵みを願い求めることができるようにと、罪をお許しになりますが、私たちが罪を避けることができるように、恵みをもお与えになります。

6．岩の上の潮の印

ここで現代世界における「キリストに対する信仰」に関する待降節のこの黙想を結びたいと思います。み言葉（イエス・キリスト）が受肉したことと、み言葉の人性（み言葉が人間であること）を否定した当時の仮現論の異端に対してテルトゥリアヌスは反論を書き、異端者は「全世界の唯一の希望」（ラテン語：parce unicae spei totius orbis）であるお方を認めるべきであると叫びました。(58)

このことは、現代にキリスト抜きで生きるよう誘惑されている人々に対して、繰り返し言うべき心からの叫びです。キリストは今もなお、世界の唯一の希望です。使徒ペトロが私たちに「あなた方が抱いている希望について……いつでも、答えられるように用意していなさい」（一ペトロ3・15）と勧めるとき、キリストが私たちの希望の根拠であるが故に、キリストについて人々に話すようにと私たちに勧めているのです。

所属教派にかかわらず、すべてのキリスト者を結び付けているニケア信条を産み出した信仰の「ときめき」を再生産するために、キリストに対する信仰の刷新を行うための諸条件を新たにこしらえなければなりません。ニケア信条が制定されたとき、全教会はあらゆる人間的な制度やあらゆる理性の抵抗を超えて、信仰において向上し、最高の努力を払いました。その後、この努力の果実は、「信仰宣言」となって残りました。潮はいったんは最高レベルにまで上昇し、岩の上の印である「信仰宣言」は永遠に残るでしょう。しかし、上げ潮は繰り返されなければなりません。古い印だけでは十分ではありません。ニケア信条を繰り返すだけでは不十分です。ニケア信条制定以来、何世紀もの間、越えることのなかった、キリストの神性に対して当時の人々が持っていたあの信仰の「ときめき」を刷新する必要があるのです。

御子キリストを「父なる神と同一本質(59)（ホモウーシオス〔ギリシャ語：homoousios〕）」と定義したニケア公会議が言おうとしたことは、キリストはどんな意味合いであれ、神としての威厳が薄められたり剥奪されたりしたニュアンスではなく、どんな文化的環境にあっても、有りうべき最高の意味で「神」であられるべきだということなのです。現代においてこの真実を人々に思い起こさせるのは、人間業ではありませんが、現代、さまざまな方法で世界にキリストを宣べ伝えるようにと召されている人たちに託された、とてもすばらしい任務です。セーレン・キルケゴールは、こう書いています。

「神は男性と女性を創造したのと同様に、英雄と詩人、あるいは雄弁家を創りました。詩人は他の人たちがすることができません。詩人は英雄を称賛して、敬愛して、喜ぶことができるだけです。それでも詩人も幸せです。詩人にとって英雄はいわば、自分のより良い性質のようなので、詩人は英雄を敬愛し、称賛し、喜びますが、実際には英雄は詩人自身ではないし、英雄への敬愛も憧れにすぎないのですが、詩人はともあれ幸せを感じます。詩人は回想の天才であって、何が行われたかを思い出す以外何もできません……。詩人は自分の心の選択に従いますが、探していたものを見いだした途端に、あちこちの家の扉の戸口で歌ったり、雄弁に演説して、他の人たちにも、自分がしているように英雄を称賛して、英雄を誇りに思うようにと歩き回って勧めます(60)」。

キルケゴールにとって英雄とはアブラハムであり、彼自身は詩人なのです。しかし、この対比を、英雄になぞらえられるキリストと、詩人と雄弁家になぞらえられるべき、キリストを宣べ伝える人々に当てはめると、どんなに真実味があることでしょうか。キリストは歴史上の英雄であり、世界の中で正真正銘の英雄です。キリストは神でもあるので、キリストは唯一無二のお方です。

私たちがクリスマス・イブに、ひざまずいて公の場でこのことを宣言するのを待つときのように、皆で一緒に大声でイエスに対する信仰宣言を唱えてくださるようにお願いします。これは降誕なさるキリストに、私たちが差し上げることができる最高の贈り物です。これこそはキリストが地上の人生を過ごす間、探し求めていらっしゃったことです。今日《きょう》、キリストは再び、ご自分の最も近しい協力者たちに、「それでは、あなた方は、わたしを何者だと言うのか」（訳注：マタイ16・15参照）とお尋ねになります。そして私たちは立ち上がって答えるのです。

「わたしは信じます。唯一の主、イエス・キリストを。
主は神のひとり子、
すべてに先立って父より生まれ、
神よりの神、光よりの光、
まことの神よりのまことの神、
造られることなく生まれ、父と一体。

すべては主によって造られました。
主はわたしたち人類のため、わたしたちの救いのために
天からくだり、
聖霊によって、おとめマリアよりからだを受け、人となられました[61]」。

第二部　イエス・キリストの聖なる受難を思い起こして

第五章

「苦しみの中で、イエスはいっそう熱心に祈りました」

しばらく前に、ある土曜日の夜、私がイタリアのキー局の主日の福音についての番組で司会を務めていたときに、学校教師であったシチリアの女性が自身の信仰を再発見した経緯《いきさつ》を詳しく話してくれました。彼女は、同じイタリア人の作家ルイジ・ピランデルロが彼の作品の登場人物の一人に、「私にとって――『私』とは、あなた方一人ひとり人の目に映っている者でしかないのです」と言わせた台詞《せりふ》をよすがに生きてきました。(62) この言い回しは、彼女の人生観を完璧に表していて、彼女は自分の個人的な信条としてそれを繰り返し口にしていました。「真実とは、それが何であれ、誰かが信じているものです！」。まったくの相対論と不可知論（訳注：人間は感覚的に経験する以上のことは知ることができないという論）でした。

ある二月の午後、彼女は自分の自己満足的な無神論が真っ逆さまに覆されるほどの落雷に打たれました。彼女の十六歳になる娘が胸郭に腫瘍を患っていたのです。手術の翌日、少女はひどく苦しんでいました。誰とも話をすることを望みませんでした。彼女は泣いて、死にたい、と叫んでいました。少女の母であるこの教師は、死にかけている人々、あるいは大変苦しんだ人々が度々、いわゆる「宗教による慰め」を与えられたことを思い出しました。母親はこのようなときになんと言ってよいかまったく分かりませんでしたが、娘は信仰心があつかったのを知っていたので、彼女はおずおずと娘に、「福音書から何か読んであげようか？」と尋ねました。「ママ、私に福音書を読んで」と娘が答えました。母親は病院礼拝堂付きの司祭から聖書を借りに走り、娘に「福音書の中のどこを読んでほしいのかしら？」と尋ねました。「イエス様が十字架にかかるところ」。母親はまったく福音書を読んだことがなかったので、「受難は最後の方にあるに違いないわ。見つけにくいことはないでしょう」と考えました。彼女は受難の箇所を探し出して、読み始めました。

少女の病み、やつれた横顔、静脈に刺された点滴の針、身体のあらゆる部位につながれているドレナージ・チューブ（排膿・排液管）、手術の傷跡、彼女が着ている手術室備え付けの粗い布地製の手術着――それらのすべては、今読んでいるお方をありありと思い起こさせるドラマそのものでした。彼女はこれらのページで読まれていることが、自分の眼前で娘の身体によって再現されているのを見ました。「そして、イエスの着ている物をはぎ取って、赤いマントを着せ、茨で冠を編み、頭にかぶせ、また右手に葦《あし》の棒を持たせて……」（マタイ27・28–29、フランシスコ会訳）。彼女が読むにつれて、娘は静まっていき、眠りに落ちました。「娘は眠りにつき、私は目覚めていました」と母親は言いました（訳注：「眠らなかったこと」と「霊的に覚醒したこと」の二重の意味をかけている）。母親は受難の話の終わりまで読み続け、読み終わったとき、自分がもはや不信仰者ではなく、信じる者になっているのを悟りました。彼女は汚れのない苦しみの美しさに引きつけられたのです。

彼女の娘は数カ月後に亡くなりましたが、彼女に生まれた信仰は、信仰体験の証しをするように招かれた学校や小教区、自分の物語を告白した本を通して、たくさんの果実を実らせたのです。(63)

1．キリストの死にあずかる洗礼を受ける

昨年の待降節の黙想会で（訳注：第一部で紹介）、私は現代においてケリュグマを再発見する必要、すなわち、信仰を行いによって証しできるようなキリスト教の使信の本来の核心に焦点を当てようとしました。キリストの受難と死は、この核心に迫る人間の実存に最も訴えかける要素です。先ほどの話で聞いたように、死に絶えた良心を覚醒させるために、キリストの受難ほど強烈に人間の心に働きかける力を持っているものは他にありません。

客観的な見地、つまり信仰の見地から見て重要な要素は、キリストの死ではなく、キリストの復活です。聖アウグスティヌスは書いています。

「キリストが死んだと信じることは、たいしたことではありません。……異教徒もユダヤ人もすべての悪人たちは、イエスが死んだと信じています。彼ら全員がイエスは死んだと確信しています。キリスト教徒の信仰は、キリストの復活にあります。キリストが死者の中から復活したと私たちが信じることは、私たちにとって重要です(64)」。

しかし主観的な見地、つまり私たちの人生の見地から考えると、私たちのために最も重要な要素は復活ではなく、受難です。アウグスティヌスも書いています。

「それゆえ、釘打たれ、葬られ、復活した主の（過越の）三日間が、最も神聖であると考えてください。これらの三つの中で、十字架は現在私たちが行っていることを示し、葬りと復活は、私たちが信仰と希望においてのみ、持っていることを意味しています(65)」。

福音書は「前口上の非常に長い受難物語」であると言われてきました。[66] 不幸なことに、福音書の中で最も重要な箇所である受難物語は、典礼暦の中で一番焦点が当たりません。受難物語は一年に一回、聖週間にだけ読まれるので、典礼の長さの都合上、キリストの受難について解釈し、注釈する余裕のないときに当たるからです。以前はキリストの受難について説教することは、あらゆる民衆への布教の中で栄誉ある地位を占めていましたが、こうした機会が稀《まれ》になった現代、大勢のキリスト教徒は、一度も「カルワリオの丘に登らないまま」人生の終焉を迎えてしまいます。

今回の四旬節の黙想会で、ささやかながら、この欠落を埋めてみましょう。よく準備できた復活祭を迎えるために、イエスと共にゲッセマネで、その次はカルワリオの丘の上でしばらくの間、過ごしましょう。エルサレムに小さな奇跡の池があり、水が動いたときに、最初に浸った人が癒やされたと書かれています（訳注：ベトザタの池のこと）。今、私たちは霊的にこの池の中へ、つまり、キリストの受難というこの「洗礼盤」の中へ飛び込むべきです。

洗礼によって、私たちは「キリストの死にあずかる洗礼を受け……」、「キリストとともに葬られたのです」（ローマ6・3―4参照）。かつて洗礼の秘跡において神秘的に起こったことは、生活の中で実現されるべきです。私たちは刷新され、回復され、変容させられるために受難という癒やしの浴槽に身を沈めるべきです。フォリーニョの福者アンジェラは、「私はキリストの受難の中に私自身を置いた所、その中に救いを見いだせるという希望を与えられました」と書いています。(67)

2. ゲツセマネ、歴史上の事実

受難を通しての私たちの旅は、イエスと同じようにゲツセマネで始まります。オリーブの園でのイエスのお苦しみは、四本の柱とも言える四つの福音書の中で証しされた事実です。すなわち、それは四人の福音記者全員によって言明されています。ヨハネは、実際、イエスに語っていただく際にヨハネ福音書12章27節において、「今、わたしの心はかき乱されている」(68)（共観福音書、つまりマタイ、マルコ、ルカの三つの福音書においては「わたしの魂は悲しみのあまり……」（マタイ26・38、マルコ13・34）と記されている）と記すように、「父よ、わたしをこの時から救ってください」(69)（共観福音書では「わたしからこの杯を取り除いてください」（マタイ26・28、マルコ14・36、ルカ22・42））と彼なりの表現でイエスの苦しみを記しています。それは、私たちが読んで分かるように『ヘブライ人への手紙』のうちに響きわたっています（ヘブライ5・7参照）。

ほとんど「護教的な」重要性を持たないこのような出来事が、教会の伝承の中で啓示的な役割を果たしていることは桁外れのことです。イエスの生涯におけるこの瞬間に与えられた、ぬきんでた性格を説明できるのは力強く証言された歴史的事件だけです。福音記者の各々は、各自の感性により、また各人が福音書を記述する際に想定している共同体の必要に応じて、このエピソードに異なったニュアンスを加えて記述しました。しかし、福音記者たちの誰も、ゲッセマネでのイエスの苦悩という出来事に本当に「無関係な」ことは何一つ付け加えませんでした。むしろ福音記者の各々が、キリストの受難に内蔵されている極みない霊的意味をはっきりと開示したのです。福音記者たちは現代、私たちが「聖書自己解釈」(eis-egesis〔訳注：聖書の原文に自分の思想を織り込んだ解釈〕)と呼ぶものは行わず、「釈義」(ex-egesis〔訳注：聖書の解釈〕)を行いました(70)。

複数の福音書において、字義どおりに読めば互いに矛盾する主張であり、相互に排斥し合っている細かい点も、聖霊に従って読めば矛盾はありません。たとえ表面上の、目に見える一貫性が欠けているとしても、そこには奥深い調和があります。福音書は、一本の木でそれぞれ別個に葉を茂らせている四本の枝であり、どれも「幹」(教会が共有する言い伝え〈口頭伝承〉)で一つに束ねられ、さらにこの「幹」を通じて、歴史上のイエスという「根」と一つになっています。私には、多くの聖書学者がこの照らしの中で物事を理解できないのは、霊的な現象や神秘的な現象について無知であるからであるように思われます。聖書学と霊的な現象は、異なる法則によって支配された二つの世界を表しています。それはまるで、水中での調査のために作られた道具で天体を観測することを望むかのようです。

著名なカトリックの聖書解釈学者（釈義学者）であり、聖書研究に際して、科学的な厳密さと霊的な感性をどのように統合するべきかについて例証したレイモンド・ブラウンは次のように受難の最初のエピソードを要約しています。

「イエスが弟子たちからご自分を引き離すこと。杯が取り去られるようにと祈るときのイエスの魂の苦悩。イエスを強めるために天使を送る天の御父の配慮のある応答。主である自分と一緒に祈る代わりに、眠りこけている弟子たちを戻る度に三回見いだす時の指導者としての孤独。裏切り者に対峙する最終的な決意によって表された勇気――さまざまな福音書、一連の人間的な苦しみの組み合わせ、神から強められたこと、孤独のうちでの自己譲与などは、イエスを信じる人たちがイエスを愛するようになるために、大きく貢献しました。それは芸術と哲学的省察の主題になってきました[71]」。

ゲッセマネでのすべての場面が展開する原点となる「核」は、イエスの祈りにあるように思われます。受難が近づくにつれてイエスが祈りながら苦悶したという記録は、マルコと他の重要資料が頼った、大変古い伝承に基づいており、このイエスの苦悶をこそ私はこの黙想で考えてみたいのです。(72)

イエスが体験する身のこなしは、致命的な苦しみで苦悶している人の身のこなしです。イエスは顔を伏せて倒れ伏しました。イエスは弟子たちに話すために立ち上がりました。イエスはひざまずいて祈られました。それから再び起き上がりました。……彼の汗が血の滴《しずく》のように大地に滴り落ちました（ルカ22・44参照）。イエスはこの懇願をもって叫びます。「アッバ、父よ、あなたにはおできにならないことはありません。わたしからこの杯を取り除いてください……」（マルコ14・36、新共同訳）。死を目前にしてのイエスの祈りの「力強さ」は、『ヘブライ人への手紙』の主要な部分で、「キリストは、この世におられたとき、自分を死から救うことのおできになる方に、大きな叫び声と涙をもって、祈りと願いをささげました」（ヘブライ5・7、フランシスコ会訳）と書かれています。

イエスは、自分に降りかかろうとしている、差し迫った苦しみの見通しに直面して、孤独です。悪の勢力との最終的な対決の時であり、大いなる試練（ギリシャ語：peirasmos）という、待ち設けていた恐ろしい「時」がやって来ました。しかしイエスの苦しみの原因はより深刻なものでした。イエスはご自身が世界中のすべての悪と醜さによって押しつぶされると感じていたのです。イエスはこれらの悪と何の関わりもありませんでしたが、まるでご自分が行ったかのように、自由意志をもってご自分に引き受けてくださいました。この表現の聖書的な意味によれば、「キリストは……わたしたちの罪をその身に負われた」（一ペトロ２・24）と記されているように、キリストは私たちの罪を――その魂に、身に、心にも――負われました。イエスは「罪……とされた」お方であると、聖パウロは言います。「神は罪と何の関わりもない方をわたしたちのために罪となさいました」（二コリント５・21、フランシスコ会訳）。

3. 神と格闘する二つの異なる方法

アリウス派の異端（訳注：イエスが神ならば苦悩するはずがないのでイエス・キリストの神性を否定する）へのいかなる弁明も払拭するために、古代教父の中には「特別の許可」（ラテン語：dispensatio 免除〈訳注：教会法の概念で特別の固有の許可を願うこと。苦しむことを特別に許された〉）という考え方によって、ゲッセマネのエピソードを教育的配慮に基づくものと説明した人たちがいました。イエスは実際には苦しみも恐れも経験しなかったが、単に私たちに祈りを通して神に逆らおうとする自分の人間的な傾向を克服する方法を教えることを望まれたというのです。ポワティエの聖ヒラリオは、「ゲッセマネにおいて、……イエスが悲しんで、泣いたのは、……ご自分のためではありませんでした。イエスが『目覚めて祈るように』と勧める人たちにとって、苦しみの杯が宿命にならないようにするためでした」と書いています。[73]

カルケドン公会議後に、特に「キリスト単意論」（訳注：キリストの人格にはただ一つの意志しかないという説で、第三回コンスタンチノープル公会議で異端とされた。キリストには神性としての意志と人間性としての意志の両方があるという〝両意説〟が正統）の異端に打ち勝った後、もはやこの説明に頼る必要は、なくなりました。[74] ゲッセマネで、イエスはただ私たちに祈るように勧めるためだけに祈るのではありません。イエスは、正真正銘の人間であり、「罪以外すべてにおいて私たちと同じ」であられるので、イエスはご自分の人間性にとって不快なことと格闘されたのです。[75]

ゲッセマネを単に教育上の手段としてのみ説明することはできなくても、エピソードを伝えた福音記者の心に、教育上の配慮が存在していたことは明確であり、私たちがそのことを理解することは重要です。福音書において、「ゲッセマネの苦しみ」についての語りは、イエスを模倣する（まねぶ）ことへの招きから切り離すことはできません。「キリストもまた、あなた方のために苦しみを受け、あなた方がその足跡をたどるよう模範を残されました」（一ペトロ2・21）。

ゲッセマネでのイエスに適用される、「苦しみ悶《もだ》える」（ルカ22・44）という言葉は、「臨終の苦しみ」のような現代的な意味で理解すべきではなく、むしろ「格闘する」という本来の意味によって理解されるべきです。祈りが格闘と努力になるときが来ます。私はここでは、気を散らすことに抗《あらが》おうとする（修徳的な）格闘、つまり私たちの心の内部での格闘について話しているのではありません。そうではなく神との格闘のことです。あなたの本性《ほんせい》がまだ差し出す準備ができていない何かを神があなたに求められるときや、神が行われていることがあなたの理解を超えていたり、困惑するものであるとき、「神との格闘」が起きるのです。

聖書は祈りにおける神との格闘の例を提示しており、二つのエピソードを比較することは、大変有益です。まず、神とヤコブの格闘を取り扱います（創世記32・23–33参照）。二つの筋書きも極めて似ています。イエスの格闘（苦悶）が夜にキドロン（ケデロン＝フランシスコ会訳聖書）川の対岸で起こるのと同じように、ヤコブの格闘も夜にヤボク川の対岸で起こります。ヤコブは一人きりになるために自分の奴隷、妻、子どもから離れます。そしてイエスは祈るために最も親密な三人の弟子から離れるのです。

しかしヤコブはなぜ神と格闘したのでしょうか？　ここに私たちが学ばなくてはならな

いすばらしい教訓があります。ヤコブは天使に、「わたしを祝福しなければ、去らせません」（創世記32・27）と言い、ヤコブは彼に、「……どうかあなたの名前をお教えください」（創世記32・30）と頼みます。ヤコブは、神の名前を知ることからもたらされる力を使うことによって、のちに対決することになる兄のエサウに勝てると確信しています。神はヤコブを祝福しますが、ご自分の名前を彼に教えません。

その後、ヤコブは神のみ心を自分の意志に沿わせようとして神と格闘します。しかし、イエスはご自分の人間としての意志を神に従わせようと格闘するのです。イエスは、「「実に」心は燃えていても、肉体は弱い」（マルコ14・38、新共同訳）から、格闘します。当然、疑問が生じます。つまり、「私たちが試練に際して祈るとき、私たちは誰に似ているだろうか」。私たちが神に祈るときに、神のみ心を受け入れて自分を変えようとするよりも、神にみ心を変えてくださるように頼み込んで、神と格闘するかのように祈りの中でもがくとき、――または、十字架を神と共に担うことができるようにと祈るのではなく、自分の十字架を神に取り除いてくださるようにと祈るとき、――私たちは旧約聖書の登場人物、ヤコブに似ています。もし、その代わりに、呻《うめ》き、血の汗を流しつつ、私たちが父なる神の意志に身を委ねようと努めるなら、私たちはイエスのようになります。二つの祈りの結果はとても異なっています。神はご自分の名前をヤコブには教えませんでしたが、すべての名にまさる名をイエスにお与えになりました（フィリピ2・9－11参照）。

その類《たぐ》いの祈りを辛抱強く続けていると、貴重なチャンスをみすみす失わないように注意しなければならない特別なことが起きることもあります。そのとき、役割が逆転するのです。神があなたに懇願するお方になり、あなたは神から懇願される人となります。あなたは神に何かを求めるために祈り始めますが、あなたが祈るにつれて、あなたに何かを求めて、あなたに手を差し出しているのは神であることを少しずつ悟ります。あなたは自分の身体の棘《とげ》、自分の十字架、あるいは試練を取り去るように神に頼んだり、あるいは自分の立場、状況、あるいは自分が関わる人の存在から、自分を解放してもらうことを願って神に祈りました……。すると今あなたに、あなたの十字架、あなたの現状、あなたの立場、あなたに関わる人を受け入れるようにと求めているのは、神なのです。

ラビンドラナート・タゴール（訳注：インドの詩人、ノーベル文学賞受賞者）による詩が、これがどのようなことであるかを私たちが理解するのを助けてくれます。語り手は物乞いで、自分の経験を物語ります。物乞いが戸口から戸口へ村の小路を物乞いして歩いているときに、金色の馬車がはるか遠くに現れました。それは国王の息子の馬車であり、物乞いはこれが千載一遇のチャンスだと考えます。物乞いは求めなくても与えられる施しと宝が自分の周りの地面にばらまかれることを待ちながら、袋を開けて座ります。けれども驚いたことに馬車は近づいて、止まります。国王の息子は馬車から降りて、「私に下さるものは何でしょうか」と言って、右手を差し出します。王子が手を差し出すとき、なんと王族らしいしぐさであることか……物乞いは当惑し、気乗りしないで、袋からトウモロコシの一番小さな粒を一つ取り出して、王子に与えます。その夜、物乞いが自分の袋を空けてみると、ほんの小さな金の一粒を見つけて、大変悲しくなります。物乞いは持ち物のすべてを差し上げる勇気を持っていなかったことに対して、ひどく悲しみ、泣きむせびます(76)。

当事者の関係が逆転する最も崇高な事例は、まさにゲッセマネにおけるイエスの祈りです。彼は御父なる神に、ご自分から杯を取り去ってくださるようにと祈りますが、御父なる神は、イエスに世の救いのために杯を飲むようにと要請します。イエスはご自分の御血《おんち》潮《しお》を一滴だけではなく、すべて与え尽くされ、天の御父は、イエスを人間でありながら、主となさることによってお報いになります。「その御血《おんち》の一滴の滴りでさえ全世界を救うことができます(77)」。

4.「苦しみの中でイエスはさらに熱心に祈られた」

「イエスは苦しみ悶え、さらに熱心に（ラテン語：prolixius）祈られた」。これらの語句は、明確な司牧的な意向をもったルカ福音記者によって書かれました。すでに闘争と迫害の標的とされていた当時の教会に対して、そのような状況の中で行うよう主が教えてくださったことを示すためでした（ルカ22・44）。

人生は、ゲッセマネの夜の苦しみの小型版とも言うべき多くの苦しみで満たされています。さまざまな多くの原因がありえます。健康面での恐れ、周囲の人々の無理解、何らかのしくじりの結果に対する恐れ、身近な人々の無関心。しかしもっと深い原因がありえます。神を喪失した感覚、私たちの罪に対する圧倒的な自覚と自分自身に対する無価値感（自己不全感）、信仰を失ったと感じる感覚、――簡潔に言えば、聖人たちが「魂の暗夜」と呼んだものです。

イエスは私たちにこのような場合に私たちが最初になすべきことは、祈りによって神に頼ることであるということを教えます。私たちは自分自身を言いくるめるべきではありません。イエスでさえゲッセマネで友達である仲間を探したのは真実ですが、なぜでしょうか？　仲間から、快い言葉を聞くためではなく、気を紛らすためでもなく、慰められるためでもありませんでした。イエスは弟子たちがご自分と一緒に祈ることをお望みになります。「あなた方は、一時間でさえも、わたしとともに目を覚ましていることができなかったのか。……目を覚まして祈りなさい」（マタイ26・40–41、フランシスコ会訳）。

最も古い重要資料であるマルコの記述に従って、ゲッセマネでのイエスの祈りがどのように始まるかに注意を払うことは重要です。「アッバ、父よ、あなたは何でもおできになります」（マルコ14・36、新共同訳）。哲学者セーレン・キルケゴールはこの点で啓発的な省察を行っています。「神にとってすべてのことが可能であること、これは決定的なことです」[78]。「これ以上何もできません」と言うとき、人間的な次元で何の見込みもなく、取るべき行動もないときに、人は完全に絶望に陥ります。それで、

「気絶するとき、人々は水かオーデコロンかホフマンの滴《しずく》（訳注：エーテルとアルコールを混ぜて作った当時の気つけ薬）を求めて叫びます。しかし人が絶望しそうなときの叫び声は次のようです。『私のために可能性を仕入れてください、可能性を取りに行ってください！』。可能性こそは人を癒やすことのできる唯一の薬です。絶望している人に、可能性が与えられれば、もう一度息を吹き返して、生き返るのです。なぜなら可能性なしでは、人はまるで、息ができないかのようだからです。時々、人間の想像力の独創性は可能性を手に入れますが、最後の手段としての『信じる』という次元では、神にとって（単なる可能性ではなく）すべてが可能であるということこそ、唯一の救いなのです[79]」（訳注：マルコ9・23参照）。

信者にとって常に身近にある可能性は、祈りです。もし誰かがすでに祈ったのに、成果がなかった場合はどうしたらよいでしょうか？　再び祈ってください！　さらにもっと熱烈（ラテン語：prolixius）に、熱心に祈ってください。しかし、イエスの祈りが聞き入れられなかったという理由で、人々はこの方法に反対することもできるかもしれません！しかし『ヘブライ人への手紙』は、まさにその反対のことを述べています。「［キリストは］この敬虔の故に、それは聞き入れられたのです」（ヘブライ5・7、フランシスコ会訳。新共同訳では「畏れ敬う態度のゆえに……」）。

ルカはイエスが父なる神から受けたこの内的助けを、天使についての細かい描写を加えて記述します。「すると、み使いが天から現れて、イエスを力づけた」（ルカ22・43）。しかしこれは十字架後を見越したある種の修辞的表現なのです。イエス・キリストの祈りに対する父なる神からの真の応答は、「復活」でした。

祈りが聞かれていないように思えるときでさえ、神は聞いておられるのです、とアウグスティヌスは聖書に注釈しています。例えば、私たちが祈願したことがかなえられていないとき、神が私たちの祈りに答えるのが遅いのは、私たちが祈り求めているよりもいっそう多くのものを与えることができるようにするためであり、私たちの祈りは、すでに神に聞かれているということなのです。(80)　もし、すべてに超えて私たちが祈り続けるなら、それは神が私たちに恵みを与えていることの一つの印です。もし、ゲッセマネでの苦悩の終わりにイエスが、「立ちなさい。さあ行こう」（マタイ26・46）とおっしゃってご自身の決意を告知されるなら、それは御父なる神が、「十二軍団にも余るみ使い」（マタイ26・53）を送ってイエスを守らせたからです。聖トマス（・アクィナス）は「愛の注ぎによって、神は私たちのために苦しむようにとイエスを鼓舞したのです」と言います[81]。

試練のときに弟子たちを一致団結させるための方法と言葉である「主の祈り（わたしたちの父よ）」という祈りをイエスは前もって弟子たちにお与えになりました。「主の祈り（わたしたちの父よ）」（訳注：「主の祈り」の最初の神への呼びかけの言葉は、御父に対する「わたしたちの父よ」で始まる）という祈りの中に映し出された内的な心の状態を祈りに変えることはできないからです。つまり、喜び、賛美、感謝、悔い改めなどに……。しかし「主の祈り」はとりわけ試練のときの祈りです。イエスが弟子たちに教えた「主の祈り」と、ゲッセマネで父なる神にご自分が祈った祈りの間には明確な類似性があります。実際、イエスは私たちにご自分が行った祈りを遺《のこ》されました。

イエスの祈りは「主の祈り」と同様に、「アッバ、父よ」（マルコ14・36参照）、あるいは「主の祈り」（マタイ26・39）という言葉から始まります。イエスの祈りは、「主の祈り」のように、御父のみ旨が行われるようにと願い求めながら続きます。私たちが「主の祈り」

の中で「悪より救われる」ことを求めるのと同じように、イエスは杯が遠ざけられることを願います。イエスは弟子たちに彼らが誘惑に陥らないようにと祈るべきであることを教え、「わたしたちを誘惑に陥らせないでください」という言葉で「主の祈り」を結ぶようにされています。

試練と暗闇のただ中で、聖霊が「ゲツセマネでのイエスの祈りを私たちの心の中で続けてくださっていることを知り、試練のときに、「御自分の時」がやって来たとき、御子が父なる神のみ前で「大きな叫び声と涙をもって、祈りと願いをささげた」（ヘブライ５・７）その祈りとともに、私たちのために執り成してくださっている聖霊ご自身の、「言葉に表せない呻《うめ》き」（ローマ８・26）も御父に届いていることを知るのは、私たちになんと深い慰めを与えることでしょうか！

5.「世の終わりまで苦しみのうちに」

ゲツセマネのイエスのもとを立ち去る前に、最後にもう一つの教えを学ぶ必要があります。大聖レオは「私たちの主の受難は世の終わりまで続くでしょう」と述べています。(82) フランスの哲学者、ブレーズ・パスカルは、イエスの御苦しみについて述べた彼の有名な省察（『パンセ』）の中で大聖レオの言葉を繰り返していますが、これは私たちが省察（黙想）を深める際にも大いに養いとなります。「イエスは世の終わりまで苦しむでしょう。私たちはその時間に眠ってはなりません……」。

「私は苦しみの中であなたのことを思った。あなたのためにこれほどの血の汗を流した。……私がいつも人間の血を流すときにあなたは涙を流さずに済めば、それに越したことはないと思うのですか？……あの人やこの人よりも、あなたのために多くのことをしてきましたから、私はこうした人々よりもあなたと近しい友なのです。私があなたのために苦しんだのと同じことを彼らは決して耐え忍びはしなかったでしょう。あなたの裏切りや暴虐のときに私がしたようには、私が選ばれた民の間や聖体秘跡の形でなそうとし、またなすのと同じようには、彼らはあなたのために命をささげないでしょう(83)」。

これは軽々しい「お追従」とか、心に訴えかけるように仕組まれた「ひねり」の効いた言葉などではありません。つまり神秘的な形で真理と調和しているのです。今でも、イエスは聖霊において、ゲッセマネに、総督官邸に、そして十字架上にいらっしゃるのです。そして、主と同じ体に属する者が苦しんだり、投獄されたり、殺されたりするのはイエスの神秘体（である教会）においてだけではなく、私たちが説明できない形でイエスご自身においてでもあるのです。このことは、イエスが復活された「にもかかわらず」ではなく、十字架につけられた方を「代々限りなく生かす」（黙示録1・18）ことになった復活があった「から」こそ、真実なのです。黙示録は、私たちに「屠られたと見える」徴《しるし》とともに、天の小羊が「立っている」こと、すなわち、復活（訳注：「復活」を意味するギリシャ語 anastasia は「再び立つ」という意味）して生きている様を示しています（黙示録5・6参照）。

「世の終わりまで、苦しんでいる」イエスに出会える最良の場所は、ご聖体です。イエスは、すべての時代における弟子たちが、ご自分の受難の「同時代人」になれるようにと、オリーブの園に行く寸前に、聖体の秘跡を制定しました。この四旬節にゲッセマネにおられるイエスの側《そば》に一時間留まりたいという願いを聖霊が駆り立てるなら、それをする最も簡単な方法は、木曜日の夜にご聖体の前で一時間過ごすことです（訳注：最後の晩餐を記念する聖木曜日のミサ後、別室に準備されている「聖体安置所」に聖体を移し、主の受難を記念する聖金曜日の典礼での聖体拝領まで、そこで聖体を礼拝する習慣がある）。

明白なことですが、キリストの聖体の前で過ごすことは、キリストの神秘体（教会）の肢体《メンバー》の中でキリストが「世の終わりまでも苦し」んでおられるという別の側面を私たちが忘れ去ることになってはなりません。まったく逆です。もし私たちがキリストにささげる自分の思いに具体的な表現を与えたいなら、取るべき方法とは、栄光の中におられるイエスに直接に差し上げられない何かを具体的な形で行うことで、キリストの体を構成する一員である教会の仲間の一人を助けることなのです。

ゲッセマネという言葉は、あらゆる精神的な悲しみの象徴にもなりました。ゲッセマネでは、イエスは身体的苦痛をまだ経験していません。そのときのイエスの痛みは完全に内的なものです。押しつぶされるのは、イエスの肉体ではなく、イエスの心なので、イエスは血の汗を流します。世は身体的な痛みに関しては非常に敏感であり、それに対して深い同情を起こすのは容易なことです。それに比べると、精神的な悲しみに対してはあまり同情しないか、あるいは心を動かされることなく、それを神経過敏、気のせい、弱さと混同して、時々あざ笑いさえするのです。

神は人の心の痛みをとても真剣に受けとめますから、私たちも同じようにすべきです。私は今、寄る辺のない孤独な生活（人生）を送っている男性のことを考えています（女性が孤独に陥っている場合は、さらに多いのです）。愛情が裏切られたり、あるいは自分自身か、または自分の愛する人の生活（生命）が脅かされているので心配している人、正しく、あるいは思い過ごしで（神の観点からすれば、どちらでも良いのですが）人間関係について悩んでいたり、連日、自分が人の面前で笑い者にされ続けることを体験する人。世界中に隠れたゲッセマネが、どんなにか多く存在することでしょう！　たぶん私たちの住居の同じ屋根の下に、あるいは隣家に、あるいは職場の隣の机に！　この四旬節の期間中に、この「隠れたゲッセマネ」に、今いる人を見つけましょう。そしてその人と親しくなるようにしてみてください。

願わくは、イエスが、ご自分の肢体《からだ》の一部である私たちに、次のように言わなくてすみますように。

「同情してくれる人を求めましたが、一人もなく、慰めてくれる人も見出《みいだ》せませんでした」（詩編69・21、フランシスコ会訳）。

それどころか、イエスが私たちの心に向けて、「私たちが行った」すべてのことに報いて次のようにおっしゃってくださいますように。「あなた方が……「これらの最も小さな者の一人にしたことは」わたしにしたのである」（マタイ25・40、フランシスコ会訳参照）。

第六章

「死に至るまで従順でした」

1．犠牲か従順か

私たちは海を包み込むことはできませんが、海のどこにでも浸ることで、私たち自身を海に包み込んでもらうことはできます。同様に、私たちは自分の心でキリストの受難全体を把握することもできませんし、あるいは受難の深さを理解することさえできません。しかし私たちは、受難のどの側面を取っ掛かりにしても、より良く、いっそう有益なこと、つまり、キリストの受難の中に自分自身を浸すことができます。この黙想において、「従順」という入り口を通って、そこに入って行きたいと思います。

使徒パウロの教えにおいて、キリストの従順は最も強調された受難の側面です。キリストは「へりくだって、死に至るまで、それも十字架の死に至るまで従順でした」（フィリピ2・8、新共同訳）。「一人の従順によって多くの者が正しい者にされます」（ローマ5・

19、フランシスコ会訳)。「[キリスト]は数々の苦しみによって従順を学ばれました。そして完全な者とされたので、この方に従うすべての人々の永遠の救いの源となり……ました」(ヘブライ5・8－9)。従順が受難物語全体を読むときに意味と価値を与えるかぎであるように思われます。

父なる神が十字架上での御子イエスの死に喜びを見いだしたのだ――、と色めき立った人々に対して、(クレルヴォーの)聖ベルナルド(ベルナルドゥス)は「父なる神を満足させたのは、イエスの死だけではなく、死に対するイエスの自発的な明け渡しでした(ラテン語：Non mors placuit sed voluntas sponte morientis.)」と適切にも答えました(84)。私たちを救ったのは、キリストの死それ自体というよりも、キリストの死に至るまでの従順によるのです。

聖書によると、神は犠牲ではなく、従順をお望みになります(サムエル上15・22、ヘブライ10・5－7参照)。キリストの場合は、犠牲も望まれ、私たちが犠牲をささげることをもお望みになりますが、犠牲と従順(二つのうち、一つは手段であり、もう一つは目的です)の神は従順それ自体のために従順をお望みになります。神は従順を可能にし、本物の従順にすることを可能にする唯一の条件として、間接的にしか犠牲を望まれません。『ヘブライ人への手紙』において、キリストは、「数々の苦しみによって従順を学ばれました」(へブライ5・8参照。新共同訳は「多くの苦しみによって」）と述べられていることに、この意味があります。受難はイエスの従順を判断する、試金石であり従順を達成するための手段でした。

キリストの従順が何を意味しているかを理解するように努めましょう。イエスは子ども時代から両親（訳注：養父の聖ヨセフと聖母マリア）に従いました。その後、成長してからは、モーセの律法に従い、受難のときにイエスは、最高法院とピラトの判決にご自分を委ねました……。しかし新約聖書はこれらのいずれの行為もイエスの従順の行為であるとは考えません。新約聖書は、父なる神に対するキリストの従順について語っています。聖イレネオ（リヨンの聖エイレナイオス）は、「［主の］僕《しもべ》の歌」（訳注：イザヤ42章他参照）を手がかりにして、イエスの従順を、極めて困難な状況における、内的で絶対的な従順であると解釈しています。

「そして木に関連した罪（訳注：エデンの園の善悪を知る木の実に関するアダムとエバの不従順の罪）は、木に関する従順（訳注：十字架上の死を受け入れる従順）によって贖われました。……人の子は神に従って、悪の知識を破壊し、善の知識を教え、提供して、木に釘打たれました。そして、善とは神に従うことであるように、悪とは神に従わないことです……。それで、イエスは木の上に架けられて死に至るまで従順であったことによって、木によって引き起こされた古い不従順を取り消しました[85]」。

イエスの従順は、「律法と預言者と詩編」の中でイエスのことを意図して書かれたさまざまな言葉と、固有な形で関係があります。イエスの捕縛に反対することを望んだ者がいたとき、イエスは、「しかし、それでは、こうなると記されている聖書の言葉が、どうして成就されるだろうか」（マタイ26・54、フランシスコ会訳）とおっしゃいました。

2. 神は従うことができるのでしょうか

しかしながら、キリストの従順とキリストの神性に対する信仰とを、どのように和解させて考えればよいでしょうか？　従順とは、一人の人格としての行為であり、人として、あるいは神としての本性的行為ではなく、キリストというお方のペルソナの行為であり、正統的な信仰から言えば、神の御子としてのペルソナの行為です。神は自分自身に従うことができるのでしょうか。ここでは、キリスト論における最も深遠な神秘の核心を論じます。この謎が必然的に何を伴うのかを理解しましょう。

ゲツセマネでイエスは父なる神に言います。「しかし私の思いのままではなく、「あなたの」思し召しのままに」（マルコ14・36）。問題のすべては、「私」が誰であるか、「あなた」が誰であるかを知ること、すなわち、誰が「フィアット（ラテン語：fiat み旨のままに）」と言い、誰に向かってそれが言われたかを知ることにあります。神の民に内在していたキリスト論によれば、この質問に対する二つの異なった回答がありました。

アレクサンドリア学派では、「私」とは、キリストが受肉された限りにおいて、キリストが父なる神と聖霊との交わりである神の意志（「あなた」）に対して、「はい」と受諾する「み言葉」としてのお方です。「はい」と言う方と、その方から「はい」と言われる方は同一の意志を持つ方ですが、二階建ての、つまり二つの異なった状態での意志を持っています。つまり、人間として受肉したみ言葉としての意志か、永遠のみ言葉（ロゴス）としての意志か、のどちらかです。アレクサンドリア学派では、まだキリストの自由意志の存在を明白には認識していないので、ドラマ（もし私たちがそれを劇的事件と呼ぶことができるなら）は、「神と人間との間」でというよりも、「神の内部」でさらに展開していきます。

アンティオキア学派の解釈では、この点に関してもっと説得力があります。この学派の著述家たちは、キリストが従順をささげることができるには、従順を行う主体と従順を受け取る主体が存在しなければならず、それは誰も自分自身に従うことはないからであると主張しているのです！　その上、キリストの従順は、アダムの不従順と正反対ですから、そのような形で人類を代表することができる「新しいアダム」という人間としての従順でなければなりません。それで、このアンティオキア学派にとって、「私」とは人間としてのイエス（ラテン語：homo assumptus）であり、「あなた」とはイエスが従う神です！

しかし、この解釈も、深刻な論理の欠落を残しました。もしゲッセマネでのイエスの「フィアット（み旨のままに）」が本質的に人間としての「然り」であるならば、たとえイエスが神の子であるとしても、なぜ、その「然り」は、全人類を「義とする」ことができる普遍的な価値を持つことができるのでしょうか。イエスは本来的に備わっているような「御自分に従順であるすべての人々に対する救いの源」（ヘブライ5・9参照、新共同訳）である、というよりも、むしろ従順のすばらしい「ロールモデル」（行動の規範となる存在。お手本）であるように思われるのです。

特に証聖者聖マクシモスの著作と第三回コンスタンチノープル公会議のおかげで、キリスト論が発達することによって、この論理の欠落は補われました。聖マクシモスは、「私」とは神性に語りかけるキリストの人性（アンティオキア学派の解釈）ではなく、永遠のロゴスでもある自分自身に語りかける受肉した神（アレクサンドリア学派の解釈）でもないと断言しています。聖マクシモスは、「私」とは人間となって自由意志に従って話をする受肉したみ言葉であり、「あなた」とは、み言葉が父なる神と一体である三位一体の意志だというのです（訳注：『カトリック教会のカテキズム』473～475参照）。

イエスの内部では、み言葉が人間として御父に従うのです！　しかしこれは、従順の概念を無効にしませんし、従順の主体と従順の対象との間には、真の人間性と人間としての自由意志が大きく横たわっているので、神が自分自身に従うことを意味するわけでもありません[86]。

神は人間として従いました！　今、私たちはイエスの「フィアット（fiat）」（受諾）に含まれている救いの普遍的な力を理解することができます。つまり、イエスの「フィアット」は、神である方の人間的な業《わざ》、「神《しん》＝人《じん》的」営みであり、神人一体の行いです。実にその「フィアット」は、詩編の表現を使えば、「わたしたちの救いの岩」（詩編95・1、フランシスコ会訳）です。すべてが「義とされた」（ローマ5・18‐19参照）のは、この従順を通してでした。

3. キリスト者としての生活の中での神への従順

いつもどおり、『ペトロの第一の手紙』における訓戒を思い起こして、私たちの生活にとって実際的な教訓を幾つか得てみることにしましょう。「キリストもまた、あなた方のために苦しみを受け、あなた方がその足跡をたどるよう模範を残されました」（一ペトロ2・21）。新約聖書における従順の義務が何から成り立つかを研究するとすぐに、驚くべき発見があります。つまり、従順は、ほとんど常に神に対する従順として見いだされるのです。もちろん、新約聖書は従順の他の形態のすべて——両親に、上司に、国家に、政府に、「すべて人間の立てた制度に」（一ペトロ2・13）対する従順——について述べていますが、頻度はずっと少なくて、威厳が少ない表現方法で述べられています。「従順」という名詞は、使徒パウロへの従順を表す『フィレモンへの手紙』の一節（フィレモン1・21）を除いて、常に、神に対する従順を示すか、あるいは少なくとも、神の側の現実に対する従順を示すためだけに使われています。

聖パウロは、信仰に対する従順について（ローマ1・5、16・26参照）、教えに対する従順について（ローマ6・17参照）、福音に対する従順について（ローマ10・16、二テサロニケ1・8

参照）、真実に対する従順について（ガラテヤ5・7参照）とキリストに対する従順について（二コリント10・5）話します。他の箇所においても同様の言い回しを見いだせます。例えば『使徒言行録』は信仰に対する従順について述べ（使徒言行録6・7参照）、『ペトロの第一の手紙』はキリストに対する従順（一ペトロ1・2参照）と、真理に対する従順について言及しています（一ペトロ1・22参照）。

しかし、キリストにおいて明らかにされた、神の新たな生ける意志が、教会法の全巻と聖職位階制度全体によって表現され、対象化された現在となっては、神に対する従順について語りうるのでしょうか。また、そのことに意味があるのでしょうか。この上、私たちが受け止め、かつ成就すべき神のみ旨に関する何か例外的な事例が存在するというのでしょうか。

もし、人が復活されたお方の、教会に対する現実的かつ具体的な「裁治権」を信じる場合に限り、そして人が現代でさえも――詩編が歌うように「力ある方、主なる神は御言葉を発し、……黙してはおられない」（詩編50・1―2、新共同訳参照）――ということを自分の心の中で確信している場合に限り、そのとき、はじめて、人は神に従う重要性と必要性を理解することができます。神に対する従順には、イエスの言葉と聖書全体を照らして、それらを私たちに対する神の現在のご意志の経路とされ、イエスのみ言葉と聖書に権威をお授けになる聖霊を通して、教会においてお語りになる神に耳を澄ますことを含みます。

しかし教会の中で、制度と神秘が対立していないだけでなく、互いに調和しているなら、今、私たちは神への霊的な従順が、目に見える制度的権威に対する従順を減じないこと、それどころか、権威への従順を刷新し、強化し、活気づけることによって、人々に対する従順が神に対する従順の判断基準となり、その従順が真正かどうかの判断基準になるのだということを示す必要があります。

神に対する従順は、まるで生け垣の上の見事な蜘蛛《くも》の巣を支える「上から垂らされる真ん中の糸」のようです。蜘蛛は紡ぎ出す糸に沿って降りてきて、すべての角《かど》で糸が張りつめた完璧な巣を作ります。巣作りの仕事が終わっても、通常は巣を張るために使われるこの真ん中の糸は切断されません。むしろ、中心から巣全体を支えるのはこの糸なのです。その糸なしでは、蜘蛛の巣は崩壊してしまうでしょう。もし横糸の一本が切れたら、蜘蛛は素早く巣を修復しますが、もし垂直の糸が切れたら、蜘蛛は他に何もできないと知っているので、移動してしまいます。

これに似たことが社会、修道会、教会の中での権威と従順に関して起こります。神への従順は「上からの糸」に該当します。すべてが、そのもとで構築されます。しかし、構築が終了した後でも、それが忘れられることはありえません。さもなければ、危機が発生して、人はそれほど遠くない昔に起きたように、「従順はもはや美徳ではない」と公言するようになるでしょう。

しかし、なぜ神に従うことはそれほど重要なのでしょうか。なぜ神は私たちによって従われることを本当にお望みなのでしょうか。神は命令を与えることが好きで、家来を持ちたいからではないことは確かです！　私たちが神に従うことは、神のみ旨を行うことなので重要であり、私たちが神がお望みになるのと同じことを望み、そのようにすることによって私たちが「神の似姿となり、神に似たものとなる」ので、私たちは本来の使命を果たすのです。私たちは休息状態に入った身体のように、真実の中に、光の中にいて、その結果として平安の内にいます。ダンテ・アリギエーリは「神曲」全体の中でも最も美しいと多くの人が考えた一節によって、このすべてを要約しました。「神の意志の中に、私たちの平和があるのです(87)」。

4. 従順と権威

神に対する従順は私たちが常に実践できる従順です。命令に対する従順と目に見える権威への従順――もちろん私は重大な性格を帯びた事例について話しています――は、非常にまれで、生涯を通じて三、四回しか起きません。しかし神に対する従順が試される事例は数多くあります。人が神に従えば従うほど、神のその人に対する命令はますます増えていきます。なぜなら、それはご自身が私たちに与える最良の贈り物であり、最愛の御子イエスにもお与えになったものであることを神はご存じだからです。

神は、ある人が神に従おうと強く決心しているのをご覧になると、人間がボートの舵《かじ》や馬車の手綱《たづな》を握るように、その人の生活（人生・生命）をご自分の手中に収められます。神は、単に理論的にではなく、実際に「主」となられます。つまり、その人を「指揮」し、「支配」する方となられます。いわば、毎分毎分、神はその人の行い、言葉、時間の利用の仕方など、すべてを決定されます。

この「霊的な導き」は、「さえた霊感」を通して、より頻繁には聖書における神のみ言葉を通して行われています。あなたが聖書の一節を読むか、聞くかすると、聖書の句あるいは単語が、いわば、「放射能を帯びる」ものとなります。あなたは神があなたを導いて、あなたがすべきことを示していると感じます。これが、ある人が神に従うべきかどうかを決める決定的な瞬間となります。「主の僕」の箇所は、神ご自身についてこう述べています。

「主は朝ごとに呼び覚まし、

わたしの耳を呼び覚まし、
　教えを受ける者のように聞くようにしてくださった」（イザヤ50・4、フランシスコ会訳）。

私たちも毎朝、時課の典礼（聖務日課）やミサのときに、聞く耳を持つべきです。神が私たちに個人的に示される言葉がほぼ常にあり、聖霊は必ず、そのことを私たちに認識させるのです。

　私は、神に対する従順は、私たちが常に行えることであると申し上げました。私たちが部下であるか、上司［長上］であるかにかかわらず、私たちができるのは従順しかないのだということを申し添える必要があります。「人が命令するためには、どのように従うかを学ぶ必要がある」という決まり文句があります。これは単なる経験からくる言明ではありません。というのも、もし従順が、神に対する従順を意味するなら、深遠な神学的根拠がその下に据えられているからです。

　習慣的に神の意志のうちに生きようと努めており、よく祈っていて、守るべき個人的な利益を持たず、部下の善だけを考えている上司によって命令が与えられると、そのときには、神の権威そのものが、その命令や決定を両脇から支えます。もし異議の申し立てが生じると、そのとき、神はかつてエレミヤに言われたことをご自分の代理者に言われます。

「見よ、わたしは今日、お前を／堅固な町、……青銅の城壁として／……。／彼らはお前と戦うが、／お前に勝つことはできない。／わたしがお前とともにいて、／お前を必ず救い出す／――主の言葉」（エレミヤ1・18－19、フランシスコ会訳）。

イギリスの有名な聖書釈義学者が、福音書における百人隊長の挿話に関する啓発的な解釈を提供しています。(88)「わたし自身、権威の下にあり、わたしの下にも兵士たちがいます。その一人に『行け』と言えば行きますし、ほかの一人に『来い』と言えば来ます。また、僕《しもべ》に『これをせよ』と言えば、そのとおりにします」（ルカ7・8、フランシスコ会訳）。百人隊長は自分自身が部下であるという、まさしくその事実によって――すなわち従順において彼の上官たち、究極的にはローマ皇帝に従って――皇帝の権威に基づく命令を与えることができるのです。百人隊長は自分の上官に従い服従するので、今度は自分の部下の兵士たちが彼に従うのです。

百人隊長は、これと相似した関係が、イエスと神との間にあると信じます。イエスは神と霊的に交わり、神に従うので、イエスはご自身が神の権威の下《もと》にあり、それ故イエスは百人隊長の僕《しもべ》に癒やされるように命じることができ、僕は癒やされるのです。実際、イエスは病気に去るように命じ、病気は去ります。

百人隊長の論理の力と純真さは、イエスをいたく感心させ、イエスに「イスラエルの中でさえこのような信仰を見たことがない」と言わしめたほどでした。百人隊長は、イエスご自身がヨハネ福音書でも説明されているのと同じように、イエスの権威と奇跡が、イエスの完璧な従順によって父なる神から得られたことを理解していました。「わたしをお遣わしになった方は、わたしと共にいてくださる。わたしをひとりにしてはおかれない。わたしは、いつもこの方の御心に適うことを行うからである」（ヨハネ8・29、新共同訳）。

神への従順は、権威の力に重みを与えます。権威の力は名目的、公的であるだけでなく実体的で効験《こうげん》（効き目）があります。つまり、単なる法的な力だけではなく、存在論的な力なのです。アンティオキアの聖イグナチオ（アンティオケイアの聖イグナティオス）は同僚の司教の一人に、次のようなすばらしい助言を与えました。「あなたの同意なしでは何も行われないようにして、今と同様に、神の同意なしには自分では何も行わないことを続けてください(89)」。

これは制度や公的な役職の重要性を減じることを意味するのではなく、あるいは部下の服従を上司の霊的な権威や権威性といった次元だけに基づかせることを意図していません。それがすべての服従の終焉を意味しているのは明らかです。権威を行使する者は誰でも、自分の命令の根拠を自分の肩書きや地位に置くことはできるだけ避け、それを最後の手段としなければならず、神に従うなどして、できる限り自分の意志を神と一致させることに命令の根拠を置かなければならないということです。その代わりに、部下は上司の決定を裁いたりすべきではありませんし、上司の決定が神の意志に従って決められたかどうか素知らぬ顔をすべきでもありません。人は、全体主義国家体制の政治的世界で時々起きるような、明らかに自分の良心に反する命令を含まない限り、そのように思いなすべきです。

そこには愛の掟との類似点があります。「目に見える自分の兄弟を愛さない人は、目に見えない神を愛することはできません」（一ヨハネ4・20、フランシスコ会訳）。もしあなたが地上にいる目に見える神の代理人に従わないなら、あなたはどのようにして天にいます神に従うと言えるでしょうか。

5. 神に問いかけること

神に対するこの従順の小径《こみち》は、それ自体では何も神秘的なことでも、特別なことでもありませんが、洗礼を受けた人々全員に開かれています。それは、かつて、モーセの義父であるエトロがモーセに助言したように、「神に問いかける」ことにあります（出エジプト18・19参照）。私は自分で自分の行動――旅行をするかしないか、ある仕事をするかしないか、誰かを訪問するかしないか、ある買い物をするかしないか——を決めることができ、いったん自分で決めてから、神に首尾よく事が運ぶようにと祈願することができます。しかし、もし私に神に対する従順を愛する気持ちがあるなら、私は別の行動を取ります。まず私は最も簡単な方法で祈り、私がその旅行をするか、その仕事をするか、その訪問をするか、その買い物をするかどうかについて、神のみ旨を伺い、それによって私は行動したり、しなかったりしますが、すべてが、神に従う行動となるので、もはや私の行動に私の主導権はありません。

普通、私は短い祈りの中で天からの声を聞くことはありませんし、何かをすることについて、どんな明確な返事も返ってこないでしょうが、神の声を実際に聞くことが必要であるわけではありません。というのも、私がしていることは神に聴き従うことだからです。物事をこのように行うことは、実際、私が神にお伺いを立てたことと、私が自分の意志から「自分」を剥ぎ取ったことを意味しているのです。私は自分で決定することを放棄して、もし神がそれを選択されるなら、神に私の生涯に介入する可能性を与えたのです。識別の通常の指針を用いながら、私が行おうと決めたどんなことでも、それは神に対する従順なのです。

忠実な僕は、見知らぬ人に対して「ご主人さまに、まず相談してまいります」と言わずに、采配《さいはい》を振るったり、見知らぬ客人の命令に従うことがないのと同様に、神の真《まこと》の僕は自分自身に「私の主が、私がこの事を行うのをお望みかどうかを知りたいので、少し祈る必要があります！」と言わずに、何かに着手することはありません。これは神に自分の人生の手綱を明け渡すことです！　このように、神の意志は常に人生（生活・生命）の基礎構造に浸透することになり、人生をいっそう豊かにし、「神に喜ばれる聖なる生けるいけにえ」（ローマ12・1、新共同訳、フランシスコ会訳）にするのです。自分の人生のすべてが神への従順となり、教会と世に対する神の主権を沈黙のうちに宣言します。

大聖グレゴリオは、「神はみ言葉と、折々のみ業によって」、すなわち、出来事と状況を用いて私たちに強く呼びかけることがあると述べています。[90]神への従順で、最も要求水準が高いものの一つに、状況に単純に従うこと、というのがあります。私たちのすべての努力と祈りにもかかわらず、人生において好転することのない困難な状況が存在する場合には、——そうした困難の中には不条理で信仰の次元では、むしろ逆効果のように思えるものもあります——、「刺《とげ》のついた突き棒を蹴ること」（訳注：使徒言行録26・14参照）を止めて、その状況の中に、私たちのための、沈黙されているが決然とした神のご意志を見て取るようにならなければなりません。神の意志に対して、私たちの心の奥底から完全に「はい」と言わない限り、このような苦難の状況下での不安の種が尽きることはないことを経験が示しています。そうすれば、私たちはもっと平和な心で困難な状況を耐え忍ぶことができるのです。

状況に対する従順で難しい事例の一つは、すべての人に訪れる高齢ゆえの引退、定年、実際にこうした事業を未完のままにして、あるいは事業計画を継続させたまま他の人々に引き渡さなければならないことに由来します。ある人は、上司のオフィスこそ私の十字架です、という冗談を言いましたが、ときとして受け入れるのが最も難しいのは、その十字架に上げられることよりも、十字架から取り降ろされ、退陣させられることなのです！

実際にこうした事が起きるまでは、人がどんな反応を見せるか誰にも分かりませんので、私は決して、このようなデリケートな状況にある方をからかうつもりはありません。これはキリストの受難に、私たちをいっそう近づける従順の一種なのです。イエスは宣教を停止し、あらゆる活動を中止しても、弟子たちに何が起こるだろうかと案じることはありませんでした。イエスは数人の漁師たちの不十分な記憶にだけ託したご自分のみ言葉に、何が起きるかを心配しませんでした。イエスはご自分同様に独りぼっちにして残していく母親について思い煩いませんでした。不平も言わず、父なる神の決定を覆そうとも試みませんでした。「わたしが父を愛していることを世が知るために、わたしは父のお命じになったとおりに行っている。立ちなさい。さあ、出かけよう」（ヨハネ14・31参照）。

6. 聖母マリア、従順な方

従順についての私たちの黙想を終える前に、少しの間、主の僕としての従順に倣っただけではなく、その僕と共に従順を生きた方、従順の生きた写し（イコン）である、聖母マリアを黙想してみましょう。聖イレネオ（エイレナイオス）は述べています。

「[新しいアダムとしてのキリストの]この構図と一致して、聖なるおとめマリアは、「わたしは主のはしためです。お言葉どおり、この身になりますように……」（ルカ1・38）と仰せになり、マリアが従順な方であることが分かります。[エバ]が不従順になったために、エバは彼女自身だけでなく全人類に死をもたらす要因になってしまいました。マリアも同様でした……従順を実践することによって、彼女自身だけでなく全人類に救いをもたらす要因となったのです[91]」。

マリアは教会の神学上の考察対象であり、実際、私たちは今、「従順」というテーマのもとでマリア論の「イロハ」に立ち会っています。

マリアは確かに両親にも、律法にも、ヨセフにも従いました。しかし聖イレネオ（エイレナイオス）は、マリアのこれらの従順を考慮することなく、マリアの神のみ言葉に対する従順を重視しました。マリアの従順はエバの不従順とはまったく正反対です。しかし再び、私たちは「エバが不従順だったと言うからには、エバは誰に従わなかったのでしょうか」と問うことができます。確かに、エバには親がいませんでしたし、彼女の夫や成文化された律法の幾つかに不従順だったわけではありませんでした。エバは神のみ言葉に従わなかったのです！　ちょうど、ルカ福音書におけるマリアの「仰せのごとく我になれかし」がゲッセマネにおけるイエスの「思し召しのままに」（ルカ22・42参照）と軌を一にしているように、聖イレネオ（エイレナイオス）にとってみれば、新しいエバ［聖母マリア］の従順は、新しいアダム［イエス］の従順と響き合っているのです。必要な区別をつけながら、使徒パウロが『フィリピの信徒への手紙』の中でキリストについて述べることを、マリアにも当てはめることができます。

「マリアは、神の母でありながら、神によって選ばれた名誉に固執しようとはせず、かえって自分自身を主のはしためであると宣言して、すべての特権を取り除いて自分をむなしくしました。マリアは、息子の死を受け入れるに至るまで、十字架上での息子の死を受け入れるに至るまで、へりくだって従う者となりました。それゆえ、神はマリアを高め、マリアに彼女の子、イエスのみ名の次に、すべての名にまさる名を与え、マリアの名に対してすべての者がひざまずき、すべての舌がマリアを主の御母としてほめたたえ、マリアは父である神の栄光を輝かせているのです」（訳注：フィリピ2・6―11参照）。

第七章

「岩を砕こう」（訳注：列王記上19・11、マタイ27・51参照）

1．受難と聖骸布

キリストの受難は確かに西洋美術で最も多く扱われる主題です。ゲツセマネでのイエス、「この人を見よ（ラテン語：Ecce homo、エッチェ・ホモ）」のイエス（磔刑図・磔刑像）、また十字架から取り降ろされたイエスを描いた絵画や彫刻、一般に「ピエタ」と呼ばれ、ドイツ語圏では「フェスパービルト（Vesperbild）」と呼ばれる聖母に抱かれるイエスの亡骸《なきがら》を彫刻した数え切れない芸術表現を思い起こしさえすれば、それで十分です。私たちの世俗化した世界において、芸術は、他のありとあらゆる種類の布教手段に対して閉ざされた領域にさえ浸透する福音宣教の数少ない形態の一つであり続けています。私はフィレンツェで芸術を学んだ後で、回心して洗礼を受けた日本人の若い女性を知っています。

しかし、トリノの聖骸布の魅力に匹敵するほどの、受難の芸術表現はかつて存在せず、現在もありません。カトリック教会の見方からすれば、聖骸布が「本物」であるかどうか、イエスの全身像は自然に転写されたのか、それとも人為的に創作されたのかどうか、奇跡の聖遺物なのか、単なるイコン（聖像画、御絵）にすぎないのかは、重要ではありません。確かなことは、聖骸布が今までに人間の目が見て黙想したことがある死の最も厳粛で最も崇高な表現であるということです。もし死ぬことができる神がいるなら、聖骸布はその神の死を表すのにこれ以上ふさわしいものはない表現方法です。閉じられたまぶた、結ばれた唇、顔の落ち着いた表情を見ると、聖骸布によって私たちは一人の死人について考えが及ぶのではなく、むしろ深い静謐《せいひつ》に満ちた黙想に浸っている人のことを思います。それは聖土曜日に歌われる交唱聖歌（アンティフォナ）の形を変えた表現であるように思われるのです。「私の身体は希望の内に休息する。(92)（ラテン語：Caro mea requiescet in spe.）」聖土曜日に割り当てられている聖務日課（教会の祈り）の「読書」にある古代の説教が、聖骸布の前で読まれるときにも、特別な力を得ます。「何か不思議なことが起きています。――今日、地上には大いなる静寂、大いなる静寂と静謐があります。王が眠っていらっしゃるので、全地が沈黙を保ちます(93)」。

神学は、キリストの死において、すべての死者の場合と同じように、キリストの魂は身体から離れたが、キリストの神性はキリストの霊魂と肉体の両方に存在し続けたと教えています。聖骸布はこのキリスト論的な神秘の最も完璧な表現です。キリストの肉体は、霊魂から切り離されましたが、神性から切り離されてはいません。聖骸布のキリストのみ顔は、拷問を受けた後でも、威厳に満ち、何か神聖な雰囲気が漂っています。

これを認識するためには、人間の芸術家が描いたキリストの絵画、例えば、アンドレア・マンテーニャが描いた、キリストの遺体の絵や、スイス・バーゼル美術館所蔵のホルバイン（子）が描いた全身が死後硬直し、手足などに初期の腐敗が始まっているキリストの死体の絵と、聖骸布を比較するだけで良いのです。ある旅行中に長い間この絵について思索していたドストエフスキーは、ホルバインの絵の前では人は簡単に自分の信仰を失ってしまうだろうと言いました(94)。しかしトリノの聖骸布の前では、人は信仰を見いだすか、それまでに信仰を失っていた人は再び信仰を取り戻すことができます。

聖骸布上のキリストの顔は、まるで境界のようで、二つの世界――憂いと暴力と罪に満ちている人々の世界と、悪に動かされない神の世界――を分ける壁のようです。それはすべての波が砕け散る岸です。それは、まるで神がヨブ記の中で海に向かって言ったことを、キリストによって悪に対して言うかのようです。

「お前はここまでは来てもよい。
しかし、越えてはならない。
お前の高ぶる波は、ここで砕かれる」（ヨブ38・11、フランシスコ会訳）。

私たちは聖骸布の前で、次のように祈らなければなりません。
「主よ、私をあなたの聖骸布にしてください。あなたが再び十字架から降ろされて、あなたの御体と御血（の秘跡）として私のところにおいでくださるとき、私の信仰と私の愛で織り成された経帷子《きようかたびら》（訳注：死者の埋葬用衣服）であなたを包ませてください。その際にあなたの面影を私の信仰と愛とに焼き付け、消えることのない痕跡を残してください。主よ、貧しい粗布である私の人間性を、あなたの聖骸布としてください」。

2. 救い主の霊魂の受難

この黙想において私たちはカルワリオの丘に登る必要があります。福音記者たちは三つの単語で世界史上、最も恐るべき出来事を要約しています。「彼らは、彼を、磔《はりつけ》にした」（マルコ、マタイ、ルカ福音書）と「彼を、磔にする、ために」（ヨハネ福音書）です。福音書記者たちが想定していた読者は、これらの言葉に含まれていることを熟知していましたが、私たちはよく知りません。他の情報源から、情報を引き出す必要があります。しかし、これらの他の情報提供者も奇妙なことに寡黙なのです。なぜなら十字架刑の激痛は、敬遠しなければならないほど、身の毛のよだつような恐ろしいものであると考えられたからです。キケロは、十字架刑に言い及ぶことさえ、「ローマ市民たちから――彼らの思考や目や耳から――遠く隔《へだ》てられるべきである」と述べました。[95] 十字架刑は社会的地位のある人々の間では話題にすることさえ忌み嫌われたことでした。

有罪判決を受けた人は、縄で手首を十字架に縛り付けられるか、十字架に釘打たれることもありました。復活されたお方の手と足についての記述は、私たちに、二番目の方法がイエスに執行されたことを述べていますので、私たちはその苦しみを想像できるのではないでしょうか。

イエスの死の直接の原因について異なった理論――心臓発作と窒息――が提起されました。最近の理論では、キリストの死に関するいちばんもっともらしい医学的説明は、脱水症と失血であることが示されています。

しかし、肉体の受難よりもいっそう深刻で、苦痛を伴ったのはキリストの霊魂の受難でした。これにはさまざまな原因がありました。一番目の原因は孤独でした。福音書は、イエスの受難の間に、群衆と弟子たちがどんどんイエスを見捨てていく様子を強調していま す。「[あなた方は]わたしを独り置き去りにする……」(ヨハネ16・32)。「その時、弟子たちはみな、イエスを置き去りにして逃げ去った」(マタイ26・56、マルコ14・50、フランシスコ会訳)。

キリストの孤独は、キリストがご自分のそばに誰かを同伴させようとしても、結果は無駄に終わってしまうゲッセマネの出来事で目を引きます(訳注：マタイ26・36-44)。マルコとマタイは、この瞬間の苦しみを表現するために、動詞のademoneinを使っています。ギリシャ語ではこの単語の綴りの最初の字である"a"は「不在」あるいは「喪失(欠落)」を意味しています。"demonein"という綴りの部分は、「人々」とか「民主政治」を意味する"demos"と同根(同じ語源)です。

この言葉の背後に潜むイメージは、人間社会から切り離されて、特別な種類の孤独による恐怖にとらえられている人のそれであり、悲鳴を上げても、広大無辺の宇宙空間の中では自分の声を聞いてもらえないほどの宇宙のはるかかなたの所で自分が見捨てられているのを見いだす人であるかのようです。

イエスの孤独は、十字架上で父なる神にさえ見捨てられるのを、人性において感じるときに、その最頂点に達します。「わたしの神、わたしの神、どうしてわたしをお見捨てになったのですか」（マタイ27・46、フランシスコ会訳）。それは時々そう考えられてきたような「苦悩」や「絶望」の叫び声ではありませんでした。もし、福音記者たちがそのように考えたならば、イエスの叫び声を聞いたことによってローマの百人隊長の「まことに、この人は神の子であった」（マタイ27・54、マタイ15・39、フランシスコ会訳）と言った信仰告白の根拠をイエスのその叫びに置かなかったでしょう。しかし、福音記者は、イエスが詩編を引用された（詩編22）ことを考慮に入れ、イエスの叫びは、イエスがその瞬間に人性において経験した孤独と裏切りの極致を表現したものであると解釈しているのだ、と私たちが考えたとしても何の不都合もありません。(96)

使徒パウロが、この世で起こりうる最悪の断念・放棄と苦しみとして考えたこと――「わたし自身、兄弟つまり肉による同族のためなら、キリストから切り離されて呪われたものとなること……」（ローマ9・3、フランシスコ会訳参照）――は、キリストが十字架上で神に対して実際に経験したことなのです。キリストは人々が神に立ち帰ることができるようにするために、神から切り離された人となり、無神論者（訳注：下部の説明参照）になりました。神を拒絶することによる能動的で、とがめられるべき無神論がありますが、その一方で、神によって拒絶されるか、自分が神によって拒絶されるのを感じることからくる受動態の「無神論」――痛みと贖いに関わる「無神論」――があります。最近ではコルカタ（カルカッタ）のマザー・テレサがいますが、キリストの暗夜（霊的無味乾燥）の小さな部分を共有した神秘家たちに、この種の「無神論」がどれほどの苦痛に満ちているかを私たちは尋ねる必要があります。……

キリストの内的な受難の別の観点に、屈辱と軽蔑があります。「さげすまれ、人々から見放され、……苦しめられたが、彼は口を開かなかった」（イザヤ53・3、7、フランシスコ会訳参照）。これはイザヤがすでに預言していたものであり、実際に起きたことです。キリストが逮捕されるときから十字架のときまでの間に、キリストご自身に対する軽蔑と侮辱と嘲りが増していきます。

「そして、［ローマ軍の］兵士たちはイエスに深紅のマントを着せ、茨の冠を編んでかぶせた。彼らはイエスに対して、『ユダヤ人の王、万歳！』と言って、敬礼した。また、葦《あし》の棒でイエスの頭をたたいたり、つばを吐きかけたり、ひざまずいて拝んだりした。このように兵士たちはイエスをなぶりものにした後、深紅のマントをはぎ取り、また、元の衣を着せ、十字架につけるために連れ出した」（マルコ15・17–20参照）。

十字架の下で、「祭司長たちも律法学者や長老たちと一緒に『あの男は他人を救ったが、自分を救うことはできない』とあざけって言った」（マタイ27・41－42参照）。イエスは打ち負かされています。人生において「敗北した無数の人々」には皆、彼らを理解し、助けてくれる方がおられるのです。

しかし救い主の霊魂の受難には、孤独と屈辱よりも、さらにいっそう深遠な要因があります。ゲツセマネでイエスは杯がご自分から取り除かれることを祈ります（マルコ14・36参照）。聖書における杯の概念は、ほとんど常に、罪に対する神の怒りの思いを呼び起こします（イザヤ51・22、詩編75・8、黙示録14・10参照）。

聖パウロは『ローマの信徒への手紙』の冒頭で、普遍的な原則である事実から述べました。「あらゆる不信仰と不義に対する神の怒りが、天から現されます」（ローマ1・18、フランシスコ会訳）。罪がある所には、必ず罪に対して神の裁きが与えられるべきです。そうでなければ、神が罪について妥協して、善悪の違いが失われることを意味することになるでしょう。神の怒りは、神の神聖さと同じです。ゲツセマネでのイエスは不信仰な者、世界のすべての不信仰な者たちと同じにされたのです。使徒パウロは、イエスのことを「神は罪と何の関わりもない方をわたしたちのために罪となさいました」（二コリント5・21、フランシスコ会訳）と書いています。神の怒りが「明らかにされる」のはイエスに対してです。父なる神と御子の間に永遠の昔から存在する無限の引力は、今や神の神聖さと罪の邪悪さとの間のこれまた無限の反発力によって置き換えられました。これが「杯を飲む」ことの意味です。しかし、これは私たちが決して探究することはできず、遠くから見守ることしかできない深淵です。

3.「主よ、それはわたしですか」

受難の黙想から私たちからの応答に移る時間になりました。私ははじめにキリストの受難に関する芸術の役割について言及しました。絵画や彫刻とともに、感謝の念をもって音楽のことも思い起こすことができます。信者であろうとなかろうと多くの人々にとって、ヨハン・セバスチャン・バッハ作曲の『マタイ受難曲』は、キリストの受難を深く知るための最良の方法です。そして、その前ではどっちつかずの気持ちでいたり、超然としていることが難しい宝です。歌による状況説明のための朗読（レチタティーヴォ）の合間に、黙想（アリア）、祈り（コラール）、心打つ表現が交互に織り込まれます。音楽史を通じて最も崇高な頂点の一つに達した美しい調べを通して、この作品の全体が私たちの感覚と精神にしみわたります。

私は、今回、黙想の観点から再び『マタイ受難曲』を聴きたいと思い、鑑賞中に深く感動を覚えた瞬間がありました。裏切りが予告されたとき、使徒たちは皆、イエスに「主よ、それはわたしですか（"Herr, bin ich's?"）」（マタイ26・22参照）と尋ねます。しかし、バッハは、私たちがキリストの答えを聞く前に、出来事とその記念との間の隔たりを取り払って、「はい、それは私です。私は裏切り者です！（"Ich bin's, ich sollte büßen!"）」と（言う歌詞を挿入することで）現代の敬虔なキリスト者が懺悔《ざんげ》（罪の痛悔）を叫ぶようにと仕向けるのです。(97)

この解釈は大いに聖書的です。ケリュグマ、つまり受難の告知は、常に二つの要素から成り立っています。出来事――「彼は苦しみ」、「彼は死にました」――そしてその出来事の背後にある動機――「私たちのために」そして「私たちの罪のために」です。使徒パウロは、イエスが「わたしたちの罪の故に」（ローマ4・25）死に渡されたと言います。イエスは「不信心な者たちのために」（ローマ5・6）死んでくださった。イエスは「わたしたちのために」（ローマ5・8）死んでくださった。これは、常に変わることのない主題です。

受難は、私たちが「私たちのための」この小さな狭い扉を通って入るまでは、当然、自分にとって異質のものとして残ります。キリストの死が、本当に私自身のための行為であることを認識する人だけが、受難を理解します。キリストを裏切ったユダは私です、キリストを否んだペトロは私です、「他の人ではなく、バラバを（釈放しろ）！」と叫ぶ群衆は私です。キリストをお喜ばせしたり、キリストをお慰めしたり、キリストの名誉を選ぶよりも、私が自分の満足や快適さや名誉の方を選ぶときはいつでも、これが起きるのです。あのプリモ・マッツォラーリ神父（訳注：一八九〇―一九五九　イタリアの司祭・作家。反ファシスト闘争に従事した。後の教皇パウロ六世は自身が司牧するミラノ教区で彼に説教をさせるなど多大な人気を誇った）が、記憶に残る聖金曜日の黙想において、「私たちの兄弟、ユダ」について話しても人々に誤解されたわけではありませんでした。

もしキリストが「**私のために**」、そして「**私の罪のために**」死んだなら、――能動態の動詞を使えば、「私がナザレのイエスを殺し」、「私の罪が彼を押しつぶした」ということです。それは聖霊降臨の日にペトロが三千人の聴衆に熱心に告知したことです。「あなた方はナザレの人イエスを殺してしまいました」（使徒言行録2・23参照）。「あなた方は、あの聖なる方、あの正しい方を拒みました！」（使徒言行録3・14参照）。

それらの三千人の全員が、金槌で釘を打ち込むためにカルワリオの丘にいたわけではありませんでしたし、全員がキリストを十字架につけることを要求してピラトの面前に立っていたわけではありませんでした。彼らは抗議することもできたはずですが、その代わりに彼らはペトロの非難を受け入れて、使徒たちに「兄弟のみなさん、わたしたちはどうすればよいのでしょうか」（使徒言行録2・37）と言います。聖霊は、単純な論法を通して、

「彼らを有罪と宣告」していました。つまりこういうことです。「もし救い主が人々の罪のために死んでくださり、私が罪を犯したなら、私は救い主を殺したことになります」。

キリストの死の瞬間に、「神殿の垂れ幕が上から下まで真っ二つに裂け、地震が起こり、岩が裂け、墓が開いて、眠りについていた多くの聖なる者たちの体が生き返った」（マタイ27・51－52、新共同訳）と記述されています。これらの種類の徴《しるし》には、通常、黙示録的な説明（終末論的な事象を記述する象徴的言語）が行われますが、それらは信者の励みとなるような激励・奨励としての重要性も持っています。つまり、それらは、人々がキリストの受難を読んで黙想したときに人々の心の中で起きるべきことを示しているのです。聖レオがこう書いています。「地上の財宝が、地上の贖い主の罰によって打ち震えますように。不信仰な霊魂という岩が砕けますように。死という墓が重くのしかかった者たちは墓を破り、砕け散って行く手を阻む墓石の破片の山の上を飛び越えて行きますように(98)」。

私たちが受難についての黙想全体の果実を拾い集めるべき時が来ました。聖書は回心（ギリシャ語：metanoia メタノイア）の深遠な意味を、心の変化として説明しています。「神よ、わたしのうちに清い心をつくってください」（詩編51・12参照）。「衣を裂くのではなく、お前たちの心を引き裂け」（ヨエル2・13、新共同訳）。ペトロの説教を聞いた群衆の回心も、心の描写で表現されています。「彼らは強く心を打たれた」（使徒言行録2・37参照、フランシスコ会訳）。

すべての回心が、一つの状態から別の状態までの動き、つまり出発点と到着点を含んでいます。聖書において、出発点、つまりそこを後にするべき状態とは、心の頑なさです。「わたしはその頑なな心に任せ、彼らを望みのままに行かせた」（詩編81・13）。「あなた方の心が頑なだから、モーセは妻を離縁することを許したのである」（マタイ19・8）。イエスは「彼らの心の頑なさを悲しく思った」（マルコ3・5参照）。「イエスは現れ、その不信仰と頑なな心とをお咎《とが》めになった」（マルコ16・14）。「あなたは頑なで、心を改めようとせず、……神の怒りを蓄えています」（ローマ2・5）。

聖書全体で、特に新約聖書において、心は外観と対照的な内的生活の所在地を表しています。「人間は外観を見るが、主は心を見る」（サムエル上16・7）。心は、人間の中核である「私」、まさに自分自身、特に自分の思いと意志を象徴しています。心は霊的生活の中心であり、神が人に話しかけ、神に対して人の答えが決定される所です。

今、私たちは聖書が「心の頑なさ」という言葉で言おうとすることを理解できます。つまり、神に従い、私たちの心を尽くして神を愛し、神の掟に従うのを拒絶することです。聖書によって発明された“sklirókardia”（訳注：スクレロカルディア。「心の頑なさ」を表すギリシャ語で直訳は「硬い心」）という単語は、示唆に富んでいます。頑なな心は、自己愛以外のあらゆる形の愛を通さない、厚く何層にも重なった、化石化している心です。聖書によって使われるイメージには、「石の心」（エゼキエル36・26）、「割礼を受けていない心」（エレミヤ9・26参照）と「逆らう心、頑なな心」（申命記31・27）が含まれます。

回心の到着点（ラテン語：terminus ad quem）とは、悔い改め、傷つけられ、砕かれ、割礼を受けている心――肉の心、新しい心――という表現で首尾一貫して記述されています。

「神の求めるいけにえは打ち砕かれた霊。
打ち砕かれ悔いる心を神よ、あなたは侮られません」（詩編51・19、新共同訳）。

「わたしが目を留めるのは何か。
それは謙遜な人、心砕かれた人であり、
わたしの言葉を畏れ敬う人」（イザヤ66・2、フランシスコ会訳参照。新共同訳は「わたしが顧みるのは／苦しむ人、霊の砕かれた人／わたしの言葉におののく人」）。

「しかし、打ち砕かれた魂とへりくだる心によって、
わたしたちが受け入れられますように」（ダニエル3・39、フランシスコ会訳。新共同訳で

は『旧約聖書続編』ダニエル書補遺「アザリヤの祈りと三人の若者の賛歌」16節）。

4.「わたしは戸口に立ってたたいている」

今度は、この心の変化がどのように働くのかを理解することに努めましょう。二つの状態を区別する必要があります。「不信仰から信仰」への回心、つまり、「罪から恵み」へと変化する一番目の回心を扱う場合、キリストは戸口の外にいて戸をたたいています。恵みの状態から［成聖に向かう］より高い段階への回心、つまり生ぬるさから熱心さへと変化する第二の回心を取り扱う場合、キリストは中にいて、外に出るために私たちの心の戸口をたたいておられるのです！

もっと分かりやすく説明しましょう。

洗礼によって私たちはキリストの霊を受け取りました。聖霊は、人が大罪を犯すことによってその人から追い払われることがない限り、神の住まい（一コリント3・16）として の私たちの中に留まってくださいます。しかし時々この聖霊が、人間の石の心（訳注：エゼキエル36・26）の牢屋に入れられて、壁に囲まれて閉じ込められてしまうことが起こりえます。聖霊は、人の能力や行動、感情（の各領域に）に満ちあふれたり、浸透することはできません。キリストが黙示録において「見よ、わたしは戸口に立ってたたいている」とおっしゃる箇所（黙示録3・20）を私たちが読むとき、キリストが外からではなく、内側からたたいていると理解する必要があります。つまり、キリストは中に入りたいのではなく、外に出て行くことをお望みなのです。

使徒パウロは、キリストが私たちのうちに「形づくられる」（ガラテヤ4・19）べきである、つまり、キリストは私たちの中で成長して、完全な姿に達するべきであると述べています。この成長は石の心によって妨げられます。時々私たちは道路沿いの大木（ローマでは通常、松です）の根がアスファルトに閉じ込められていても、そこかしこで根がセメントを持ち上げて伸びよう伸びようと格闘しているのを見ます。私たちに内在する神の国を、この大木の場合のように描写しなければなりません。「神の国」とは空の鳥が休むほどの堂々とした大木になるように定められていますが、私たちの自己中心性という抵抗に遭いながらも成長しようと苦闘している「種子」なのです。

この状態に温度差があることは明らかです。霊的な道に献身している大多数の人の中で、キリストは硬い殻の中に閉じ込められてはいませんが、ある意味で、制限されています。キリストは自由に行動できるのですが、明らかに限定された範囲内でしか行動できません。これは、キリストが私たちに対して頼めることと頼めないことがあるのは当然であると私たちが暗黙のうちに思うときに起こります。もちろん、私たちは祈ります。睡眠や休息、あるいはうわさ話をする時間を失わないで済むなら……祈ります。もちろん、私たちは従順の徳を実践します。ただし私たちの自発性が生かしきれない範囲内で、ですが。私たちは確かに貞潔です。しかし、たとえ際どく下品であっても、少々くつろげる娯楽を手放す程度にまで貞潔を実践することはありません。手短に言えば、私たちが一線を引いてしまったのです。

聖人の歴史において、「罪から恵み」へと回心する第一の回心の最も有名な例は、聖アウグスティヌスです。「生ぬるさから熱い信仰へ」と回心する第二の回心の最も教訓的な例は、アヴィラの聖テレジアです。アヴィラの聖テレジアが『自叙伝』の中で自分自身について述べていることは、彼女の良心の繊細さによって誇張されて書かれてはいますが、それでも有益な良心の糾明（吟味）として役立てることができます。「その後私は、次から次へと気晴らしに溺れ、次々と虚しい行いを続け、ある罪の機会から別の罪の機会へと陥り始めました。［そして］これらの虚しい行いによって私の魂は正道からはるかに離れてしまいました」(99)。彼女は続けて述べています。「神に関するあらゆることが私に崇高な喜びを与えてくださいましたが、それでも私はこの世のものに縛られ、束縛されていました。私はまるで、お互いに矛盾していて、全く正反対の二つのこと――霊的生活と、五感の喜びと娯楽――を一致させることを望んだかのようでした」[100]。彼女の状況の結末は、甚大な不幸でした。そしてそれを私たちは自分のことのようによく理解できます。

「私は、嵐の海で約二十年を過ごしました。このようにしばしば堕落して、その度ごとに立ち直り、あえなくも決まってもう一度堕落するのでした。私の生活は完徳からほど遠かったので、私はほとんどの小罪に何の注意も払いませんでした。大罪を恐れましたが、私がそうであるべきであるほどには恐れていませんでした。なぜなら私は大罪に陥ることの危険から自由ではありませんでしたから。私は、神における最も喜びも世の楽しみもどちらも持っていなかったので、私の生活は私が想像できうる最も嘆かわしい類《たぐ》いの一つであると証言できます。私が現世的な楽しみの中に浸っていたとき、自分が神に対して負っていたことを思い出して悲しんでいました。私が神と共にいるときは、現世的な執着のためにだんだんと気分が落ち着かなくなるのでした」[101]。

聖テレジアを決定的な回心へと導いたのは、他でもなくキリストの受難の観想でした。「回心」の瞬間をテレジアは次のように描写しています。

「私がある日、小礼拝堂に入ったときに、それ（回心）は起こりました。御絵《ごえ》はその家で、ある祝日を祝うために調達され、その祝いのためにそこに運ばれ安置されていたのです。御絵は痛ましい傷を負っているキリストを描いていました。思わず祈りたくなるほど心引かれるものでしたので、そして私がその御絵を見たとき、私は深く心を動かされてそれに見入りました。私たちのために主がどんなにお苦しみになったかを見事に描写していました。私がどれほどひどくこれらのキリストの御傷に対して報いてきたかを考えたとき、私の苦悩はあまりにも大きく、自分の心が壊れるかのようで、私は涙を滝のように流して、キリストを傷つけることがないように、もう一度私に強さを与えてくださるようにきっぱり懇願して、御絵のお側にひれ伏しました……。それから私はキリストに、私が懇願していることをキリストがお与えくださるまで、その場から去らないつもりですと申し上げました。そして、そのとき以来、私は向上し始めましたので、私はこのことが私に良いことをもたらしたと確信しております(102)」。

そして彼女がどこまで向上したか、今日《こんにち》、私たち皆が知っています！

5.「私たちの主の十字架のほかに私が誇りとするものがないように……」

その日、「群衆もみな、このいろいろな出来事を見て、胸を打ちながら帰っていった」（ルカ23・48、フランシスコ会訳）と書かれています。これこそ、この黙想中に、カルワリオの丘でイエスと一緒にいた後で、私たちが行いたいことです。いったん私たちが自分自身の小さな霊的「地震」を経験すると、私たちは十字架とキリストの死を、まったく新しい視点から見ます。つまり、罪の告発、恐怖と悲しみの原因から、喜びと確信の源へと転換されます。「私たちのせいで」（ラテン語：propter nos）は、「私たちのために」（ラテン語：pro nobis）に転換されるのです。そうなると、十字架は、私たちの誇りと栄光として、つまり、パウロの言葉によると、私たちを信仰において鼓舞し、賛美と感謝の祈りによって表現される深い感謝が伴う歓喜あふれる確信として現れます。

私たちは、十字架がもはや「躓《つまず》きの石」でも「愚かさ」でもなく、むしろ、「神の力、神の知恵」に見える喜ばしく霊的な次元に向かって、恐れずに自分自身の心を開くことができます（一コリント1・23–24参照）。私たちはいかなる傲慢とも無縁に、心からの謙虚さをもって、十字架を自分の揺るぎない確信とし、自分に対する神の愛の最高の証明とし、宣教のための尽きることのない主題とすることができますし、パウロと共に、「わたしたちの主イエス・キリストの十字架のほかに誇りとするものが断じてあってはなりません」（ガラテヤ6・14、フランシスコ会訳）と言うことができます。

数多くの土地で学校の教室や公共の場所から十字架を撤去する圧力が強まる時世にあって、私たちキリスト者はイエスが十字架をつけることを最もお望みになる場所である私たちの心の壁に十字架をかけるべきです。私たちはイエスに私たちの魂を、主を包む聖骸布にしてくださるようにお願いして、この黙想を始めました。ここで「スターバト・マーテル」（訳注：ラテン語で「悲しみの御母は佇《たたず》みたもう」という意味。イエスの受難の際に受けた聖母マリアの悲しみをテーマにした、中世に起源を持つ聖歌。カトリック聖歌集での題名は「悲しみの聖母」）の歌詞をもって、この黙想を終えることができるよう、マリア様の執り成しを求めましょう。

「聖母よ、どうかお願いします。
十字架に釘付けにされた御子の傷を、私の心に深く印してください[103]」。

Sancta Mater, istud agas,
Crucifixi fige plagas

Cordi meo valide.（ラテン語）

〔訳注：二〇〇九年、欧州人権裁判所はフィンランド出身のイタリア人女性の訴えを認め、イタリアの公立学校で十字架を掲げるのは生徒の信教の自由を侵害すると裁定した。その後、イタリアに加え、マルタ、ポーランド、ブルガリア、アルメニアなどが異議を唱えた結果、二〇一一年、同裁判所の大審院〔最終審〕はこの決定を覆した。英国でも勤務中に十字架をつけていた看護婦が病院から解雇されるなど、十字架を公共空間から排除しようとする動きがある〕。

第八章

「神はご自分の愛を私たちに示します(104)」

1.「キリスト者たちよ、あなたの信仰の表明において、いっそう勇敢であってくださ い……」

「人々が、健全な教えを聞こうとしない時が、必ず来ます。その時、人々は、自分に都合のよいように、耳を楽しませる教師たちを大勢自分のもとに集め、そして、真理から耳を背け、作り話に心を傾けます」（二テモテ4・3–4、フランシスコ会訳）。

聖書に書かれているこれらのことが――特に新奇なことを聞きたい人々の耳を楽しませるという点において――現代、印象的、かつ新たな形で実際に起きています。私たちが今ここで受難と救い主の死を記念する間にも、何百万人もの人々が古代の伝説を利用する言葉巧みな修正主義者によって、ナザレのイエスは決して十字架につけられなかったと信じるよう説き伏せられています。アメリカ合衆国における現在のベストセラーの一つは、

「私たちが十字架無しで済ませるようにし、復活を不必要にし、イエスという名の神を提示しない」『トマスによる福音書』です。[105]（訳注：偽福音書。カトリック教会では、マタイ、マルコ、ルカ、ヨハネの四つの福音書を正典と定めている。トマス、フィリポ、ユダによる福音書と称する文書類は「偽書」と呼ばれ正典ではない）。

レイモンド・ブラウンによれば、

「あら筋が奇怪であればあるほど、広告宣伝が扇情的になり、それが引き寄せるばかげた興味も過激になり、人間の正体をかいま見るようで狼狽してしまいます。イエスがどのように十字架につけられて、死に、葬られ、死者の中から復活したかについて、わざわざ信頼できる分析を読もうとは決してしようとはしない人々は、イエスは十字架につけられなかった、イエスは死ななかった、あるいは、特にイエスがその後の生涯で、インドに（最新の版によれば、フランスに）マグダラのマリアと逃亡したという『新しい考察』の報告に魅了されてしまっています。これらの説によって、受難に関連して言えば、普及している格言（訳注：「事実は小説より奇なり」という言い回し）とは逆に、『小説は事実より奇なり』であることが明らかになり、――しばしば、意図的であろうとなかろうと、いっそう高額の利潤を生んでいます[106]」。

ユダの裏切りについてのたくさんの話がありますが、人々はそれが再び起きていることを知りません。現代ではキリストは三十枚の銀貨（訳注：マタイ26・15）で最高法院の指導者たちに売られるのではなく、何百万ドルものお金で出版社と書店に売られているのです……。この投機の波を押しとどめることに成功する人は誰もいないでしょう。それどころか、この映画の次は別の映画というように膨大な映画の封切りが波のように押し寄せて来ることになります。ただ私はキリスト教の起源の歴史を何年も研究してきたので、これらのすべての擬似《ぎじ》歴史文学の背後にある著しい誤解に注意を喚起する責任を感じた次第です。

先ほど、私が触れたような人々が頼り、センセーショナルな発見として現代に提示されている『トマスによる偽福音書』、『フィリポによる偽福音書』、『ユダによる偽福音書』は、全部あるいは部分がすでに知られていた文書です。それらは二世紀と三世紀に書かれていて、キリスト教に対して最も批判的で、敵対していた歴史家さえも、その内容を今に至るまで決して史実として認定したことはありませんでした。それはまるで、現代に書かれた小説に基づいて、今からおよそ数世紀も後になって、私たちの歴史を再構成しようと試みるようなものです。

おぞましい誤解は、これらの文献は、これらが本当に言おうとしていることとは正反対のことを言うために利用されているという事実にあります。これらはグノーシス文書の一部なのです。グノーシス主義の異端――聖書思想という皮をかぶったプラトン哲学の二元論とオリエント世界の諸宗教の教義の混合――は物質界が錯覚であって、邪悪か、あるいは少なくとも劣った神である旧約聖書の神の仕業であると考えられています。グノーシス主義ではキリストが（外見を除いては）決して受肉せず、受難は神にとって無価値であろうからキリストは十字架上では死ななかったというのです（キリスト仮現説〔訳注：イエスの完全な受肉を否定するので、十字架上で苦しんだり死んだりする受難はなく、肉体を棄てて神的存在に戻るだけであると考え、肉体の復活はないと考える異端〕）。

最近大層話題になった『ユダによる福音書』（訳注：偽福音書）によれば、もし、イエスがご自分を裏切るように直接ユダに命じられたのなら、それはイエスが死ぬときに、イエスの中にある神の霊が最終的に肉体といううわべだけの装いから自由になって、天国に再び昇れるであろうから（典型的なグノーシス主義のテーマ）だというのです。この偽福音書によれば、子どもの出産につながる結婚は避けられるべきこととされています（タチアヌス派〔訳注：初期キリスト教で厳しい禁欲を主義とした幾つかの異端集団〕）。女性は、もし女性に備わった「女性原理」が男性原理に変容されるなら、つまり、もし女性であることをやめるなら救われるだろうというのです。(107)

ここでばかげているのはこれらの作品の中に「女性原理」、「身体性」、「性愛」、「物質界での完全で自由奔放な快楽」に対する賞賛——教会制度に内在すると考えられる「マニ教」的体質に従って、常にこれらすべてを踏みにじってきた正統な教会と対立しながら——が見て取れると信じている人がいることです！　それは輪廻《りんね》転生説に関して見られるのと同じ種類の誤解です。東洋の宗教において輪廻転生は、生前の悪行に対する罰であって、人々は自力ですべてを終わらせたいと熱心に切望している一方で、西洋では、輪廻転生とは、この世に戻って無期限にこの世に住んで楽しめるすばらしい可能性を提供してくれる説として歓迎されています。

これまで述べてきたようなことは、今この時間と場所で取り扱うに値しないかもしれませんが、私たち（訳注：黙想会の講話の聴衆は教皇および司教や司祭たち）は、信仰の名においてだけでなく、良識と正しい理性の名において抗議の叫びを上げることのないまま、キリスト信者たちの沈黙を、マスコミによってあまりにも粗雑に操作されている何百万という人々の当惑や信頼（それとも「騙《だま》されやすさ」と言うべきでしょうか？）と同じものとして受け取らせてはなりません。私は、今一度ダンテ・アリギエーリの訓戒を聞くべきときであると信じています。

「キリスト者たちよ、あなた方が誓約したことに対して、いっそう勇敢であってください。

風に舞う羽毛のように軽々しくしてはいけません。

また、誓いさえ立てれば犯した罪は清められ、
救いが得られると考えて自己を欺いてはいけません。

あなたたちには導き手である旧約聖書と新約聖書があります。

あなたたちには教会の羊飼いである教皇がいます。

あなたたちの魂を救うには、これで十分でしょう……。

邪悪な強欲があなたたちをそそのかしても、人でありなさい。

愚かな羊となってはいけません」(108)。


（ダンテ『神曲』「天国篇」第五曲）

（訳注：旧約、コヘレト5・3―4「神に願をかけたら、誓いを果たせ。願をかけておきながら誓いを果たさないなら、願をかけないほうがよい」、新約、マタイ5・34―36「しかしわたしは言っておく。一切誓ってはならない。そこは神の足台である。エルサレムにかけて誓ってはならない。そこは大王の都である」）。

2. 受肉に先立つ受難（熱情）！

しかし、すべてのことはたった一つのことで説明がつくと主張するこうした作り話は横に置いておきましょう。というのも、私たちはメディアの時代に生きていて、メディアにとって新奇なことは真理よりも興味深いのです。私たちが祝っている神秘に集中しましょう。今年、聖金曜日の神秘を黙想する最良の方法は、教皇様（訳注：ベネディクト十六世）の回勅『神は愛』の第一部全体を再読することでしょう。今ここではできませんが、私は少なくとも最も直接的に本日の神秘に関連する節に言及したいと思います。

「キリストの刺し貫かれた脇腹を仰ぎ見て（ヨハネ19・37参照）、わたしたちはこの回勅の出発点となったことばの意味を悟ります。『神は愛です』（一ヨハネ4・8）。まさにここで、わたしたちはこの真理を観想することができます。わたしたちはここから、愛が何であるかを定義しなければなりません。この観想の内に、キリスト信者は、自分が生き、愛するための道を見いだすのです」[109]（邦訳『回勅　神は愛』第一部　12）。

そうです、神は愛なのです！　もし世界中のすべての聖書が幾つかの天変地異あるいはイコノクラスム（聖像破壊運動）の騒乱などで破壊されて、写本がたった一冊だけ残り、さらにその一冊の損傷もあまりにもひどく、その中の一ページだけがまだ損なわれておらず、そしてこのページさえも非常に皺《しわ》だらけだったので、たった一行だけがまだ読めるとしたら――もしその一行が『ヨハネの第一の手紙』の一節であり、その行が「神は愛です」であったなら、すべてがその一節に凝縮されているので、聖書全体が無事だったことになるであろうと言われ続けてきました。

子ども時代に私は高圧電線から数メートルしか離れていない小屋に住んでいましたが、私たちは暗闇の中でローソクを使って暮らしていました。私たちと高圧線の間には線路が通っていましたが、戦況が悪化したこともあって、誰も盗電用の私設架線を組み立てて、この小さな障害を克服することを思いつかなかったのです。

これは神に対する愛についても言えることです。私たちの一生を照らして、暖めることができる神の愛は身近にあるのですが、私たちは暗闇と寒さの中で人生を歩み続けるのです。これは人生における悲しみの唯一の真の原因です。

神は愛であり、キリストの十字架はその最高の証明であり、歴史的証明です。自分の愛をある人に示すには二つの方法があると、ビザンティンの著作家、ニコラオス・カバシラス（訳注：十四世紀の東方正教会の神学者で聖人。下記は『ハリストス（キリスト）にある生活（生命）』〔『キリストを生きる』、『キリストにおける生』という訳語もある〕よりの引用）が述べています。一番目の方法は最愛の人に良いことをして贈り物を差し上げることです。二番目の方法は要求水準がもっと厳しく、その人のために苦しむことです。神は私たちを霊的賜物と物的賜物で満たすとき、被造物を通した寛大な愛をもって、最初の方法で私たちを愛してくださいました。[110] 神がご自分の愛を私たちに確信させるために、ご自身の破壊を思いつかれ、私たちのために最もひどい苦しみをお受けになるとき、神は二番目の方法である、贖罪における受難の愛によって私たちを愛してくださいました。それ故、私たちが「神は愛です」という真実を理解するために、なお観想しなければならないのは、十字架です。

「受難」という言葉は二つの意味を持っています。それは激しい「熱情的な」愛、あるいは「致命的な」苦しみの両方を言い表すことができます（訳注：「熱情」と「受難」のどちらもギリシャ語で“pathos”、ラテン語で“passio”）。この二つの間にはつながりがあり、片方から別の片方になるのはどれほどたやすいか、私たちは毎日の経験によって知っています。これは、特に神との関係を振り返ると如実に分かるものです。「受肉に先立つ受難（パシオ）がある」と、オリゲネスは書きました。それは神が人類に向けて永遠に抱き続けた「愛の熱情（パシオ）」であり、それは機が熟したときに、神を地上に赴かせて、私たちのために苦しむようにと導きました[111]。

3. 偉大さの三つの等級

回勅『神は愛』は、キリスト教信仰のための護教論の新しい方法を指し示しています。それは現代においておそらく唯一可能な方法で、確かに最も効果的です。回勅は超自然的価値と自然的価値、神の愛と人間の愛、アガペーとエロースを対置させているわけではありませんが、それらの間では、罪と人間的なもろさの故に、絶え間なく再発見され、再開発される必要のある本来の調和を提示しています。

「『エロース』は『忘我の内に』神的なものへと上昇し、わたしたちを、わたしたちを超えたものへと導きます。しかし、だからこそ、『エロース』は、上昇と自己放棄、浄めといやしの道を必要とするのです[112]」。

そのとおりです。福音は人間の理想と競合関係にありますが、ある意味で、福音は一緒になって人間の理想を実現します。福音は、人間の理想を回復させ、高め、保護します。

福音は人生から「エロース」を排除しませんが、「エロース」の中に含まれる自己中心性という毒を取り除きます。

「偉大さには三つの等級があります」と、ブレーズ・パスカルは有名な著作の中で述べました[113]。一番目は物質的、あるいは身体的等級です。その等級で優れている人は、多くの有形財産を所持している人、あるいは運動能力の秀でている人、あるいは身体的な美を備えた人です。軽蔑されるべきではない価値ですが、それは最も低い価値です。その上に、二番目の偉大さとして、哲学者、発明家、科学者、芸術家、詩人を有名にする非凡な才能と知性の等級があります。これは質の異なる等級です。金持ちであるとか、美しいとか、それとも醜く貧しい人たちであるとかは、非凡な才能に対して何も付け加えませんし、何も差し引きません。ソクラテスの哲学やジャコモ・レオパルディ（イタリアの詩人、一七九八－一八三二）の詩歌の美しさは、これらの人たちの身体的な奇形のために損なわれることはありません（訳注：ソクラテスは容姿が優れず、レオパルディは病弱で視力が弱く背中が曲がっていたという）。

天才が持つ価値は確かに最初の偉大さより高い価値がありますが、それはまだ最高ではありません。さらにその上に偉大さの等級、愛の等級、善の等級があります（パスカルはそれを「聖性と恩恵の等級」と呼んでいます）。「聖性の一滴は、非凡な才能という一つの大海以上の価値を持っています」とシャルル・グノー（訳注：フランスの作曲家、バチカン市国の国歌を作曲した）は言いました。美しいか醜いか、あるいは無教育か学識があるかということは、聖人に何も加えず、何も差し引きません。聖人の偉大さは、異なった等級に属するものです。

キリスト教はこの三番目の等級に属します。小説『クオ・ヴァディス』（訳注：ヘンリク・シェンキェヴィチによる、西暦一世紀のローマ帝国を舞台とした歴史小説）の中で一人の異教徒が、「ギリシャは世界に知恵と美を与え、ローマは権力を作り出しました。ところで彼ら［キリスト教徒］は何を提供してくれるのでしょうか？」と到着したばかりの使徒ペトロに尋ねます……。「私たちは愛をもたらします」とペトロが言いました(114)。愛は、世界中に存在するものの中で、最ももろくて壊れやすいものです。愛はまるで赤ん坊のようであり、赤ん坊によって象徴されます。子どもを殺すのに労力は不要です。しかし私たちは経験によって、力と知恵、強さと非凡な才能に、愛と善良さが伴わないとどうなるかを知っています……（訳注：例えば無慈悲な独裁者や大量殺りく兵器の研究開発など）。

4．赦す愛

回勅『神は愛』によれば、「神の人間に対する『**エロース**（eros）』は、同時に完全な意味で『**アガペー**（agape）』でもあります。それは、神の愛が完全に無償で与えられ、何の功績もあらかじめ求めないからだけではありません。神の愛が赦す愛でもあるからです」[115]。

神の愛の本質は十字架の神秘においても最高度に輝きます。最後の晩餐のときにイエスは「友のために自分の命を捨てること、これ以上に大きな愛はない」（ヨハネ15・13、新共同訳）とおっしゃいました。人は「おお、キリストよ、友のために自分の命を捨てることよりも偉大な愛が確かに存在します。あなたの愛がそうです！　あなたは友のためにではなくて、ご自分の敵のためにご自分の命をお与えになりました！」と高らかに声を上げることもできるでしょう。聖パウロは、正しい人のために死ぬ覚悟ができている人を見つけることは可能かもしれないが、難しいと言います。「正しい人のためであっても、人は容易に死なないものです。善い人のためなら、あるいは進んで死ぬ人がいるかもしれません。しかし、わたしたちがまだ罪人であったとき、キリストがわたしたちのために死んでくださったことによって、神はわたしたちに対するご自分の愛を示されているのです」（ローマ

5・7―8、フランシスコ会訳)。

しかし、この対比は、見かけにすぎないことがすぐ分かります。「友」という単語は、積極的な意味では、あなたを愛する人を意味しますが、消極的な意味では、あなたが愛する人を意味します。イエスがユダを「友よ」(マタイ26・50)と呼ぶのは、ユダがイエスを愛したからではなくて、イエスがユダを愛したからです! 自分の敵を友人と見なして、敵のために自分の生命をささげるよりも偉大な愛はありません。これが、イエスがおっしゃったことの真意です。人は神の敵になることも神の敵のふりをすることもできますが、神は決してどんな人の敵にもなろうとはなさいません。それは子どもたちがときとして自分の父親(そして母親)に対して持つ、とんでもない特権です。

私たちは、回勅『神は愛』が述べているように、十字架上のキリストの愛によって現代人が「自分が生きること、愛することへと進むべき道(116)」を発見する、具体的な手助けができる方法を黙想する必要があります。それは大目に見たり、心から赦す慈しみ深い愛であり、「敵」を滅ぼすのではなく、むしろ「敵意」を滅ぼすことを望みます(エフェソ2・16参照)。苦難を耐え忍んだという意味でキリストに最も似た人、エレミヤは、「わたしに見させてください。あなたが彼らに復讐されるのを」(エレミヤ11・20、新共同訳)と神に祈ります。ところが、イエスは「父よ、彼らをお赦しください。彼らは自分が何をしているか分からないのです」（ルカ23・34、フランシスコ会訳）とおっしゃって、亡くなられるのです。
再び世界的な暴力の深みへと滑り落ちないためには、今日《こんにち》まさに、この慈しみと赦す能力が必要です。パウロは、コロサイの信徒に手紙を書きました。「ですから、あなた方は神に選ばれた者、聖なる者、愛されている者として、思いやりの心、親切、へりくだり、優しさ、広い心を身にまといなさい。互いに耐え忍び、誰かに不満があったとしても、互いに心から赦し合いなさい。主があなた方を心から赦してくださったように、あなた方もそうしなさい」（コロサイ3・12－13、フランシスコ会訳）。

深い思いやりを持つこととは、自分の心（ラテン語：cordis）の中に敵に対する憐れみ（ラテン語：misereor）を持ち、自分も敵も含めて人類全員がかたどられた型（訳注：人間が神の似姿として創造されたその「鋳型」、「原像」）を理解し、敵を赦すことを意味します。もし、歴史の中で奇跡を通して、何十年間も衝突を繰り返してきた中東の二つの民族（訳注：ユダヤ民族とアラブ民族）が一方の当事者によって犯された誤りの代わりにその当事者の苦しみについて考え始め、互いに憐れみを感じるなら、どんなことが起こるでしょう？　そうなれば、彼らの間に隔ての壁を設けることは、もはや必要ではなくなるでしょう（訳注：「隔ての壁」とは単なる比喩ではなく、イスラエルはパレスチナ側からのテロ攻撃抑止を理由にヨルダン川西岸との間にコンクリートや有刺鉄線などで実際に分離壁を建設している）。同様のことは、異なる宗教間の対立や異なる教派のキリスト教会の間にある対立を含めて、現代世界全体における他の多くの進行中の紛争について言うことができます。

私たちの時代の詩人の一人が作った詩にどれほどの真実味があるでしょうか。「平和をあなたがた諸国民に！　あまりにも深淵な、このひれ伏す大地の神秘よ[117]」。死という共通の運命は皆に訪れます。人類は深い闇に包まれており、お互いに何らかの深い思いやりを抱いて連帯すべきほどの多くの苦しみの下になぎ倒されています。

5. 愛する義務

キリストの十字架を通して明らかにされ、私たちにもたらされる神の愛には、別の教訓があります。人間に対する神の愛は忠実で、永遠です。「私はお前を永遠の愛をもって愛してきた」（エレミヤ31・3）と神はエレミヤを通して私たちに語り、重ねて「わたしは契約を破ら［ない］……」（詩編89・35）とおっしゃってくださいます。神は永遠に愛することをご自身に義務づけられました。つまり、神は私たちに背を向ける自由をご自分から剥奪なさいました。神の愛こそが、キリストにおいて「新しい、永遠の」ものとなった契約の核心的な意味です（ヘブライ12・24、13・20参照）。

私たちが読んだ教皇様（ベネディクト十六世）の回勅には、こう書いてあります。

「愛を究めようとするときには、このような高い次元への成長と、内的な浄めが見られます。またこのことは二つの意味で示されます。すなわち、『このただ一人の人だけを愛する』という排他的な意味と、それが『永遠の』愛だという意味です。愛は存在全体を、時間という次元を含むそのすべての次元において、包括します。愛はそれ以外のしかたで存在することはできません。なぜなら、愛の約束は、その最終的な目的を目指しているからです。すなわち、愛は永遠に向かいます(118)」。

私たちの社会において、二人の若いカップルと結婚の法律との間にどれほどの関わりがあるのかについての疑念が、ますます頻繁に提起されています。愛が完全に衝動的で自発意思に基づいたものであるときには、「愛それ自体を縛り上げる」どんな必要があるでしょうか？　結婚制度に異論を唱え、いわゆる自由恋愛を選択して、同居するだけの人々がますます多くなっています。もし人が法と愛との間に、制度と選択の間に存在する深くて活力に満ちた調和を見いだしさえすれば、人は正しくこれらの疑問に答えることができ、永遠に愛し、愛を「**義務**」として恐れないために「自分自身を縛る」ことに関して説得力に満ちた理由を若者に説明できるのです。

プラトンについで、愛について最も美しいことを書いた哲学者であるキルケゴールは「愛することが義務であるときだけ、そのときにだけ、愛は、あらゆる変化に対して永遠に安全であり、祝福された自立において永遠に自由なものであり、絶望（私、カンタラメッサはここで「絶望」を強調したいと思います）からは、永遠の内に幸福に守られています」と書きました。(119) ここでは、人々が愛するときに、強く愛すれば愛するほど、心配になり、愛につきまとう危険をますます認識することを意味しています。その危険は、他人から来る危険ではなく、自分自身から生じる危険です。実際彼らは、自分が気まぐれであり、あろうことか明日は退屈して愛することをやめてしまったり、自分の愛情の対象を変えたりすることがありうるだろうとよく分かっています。それで、今、愛の光で見ると、彼らはこれが取り返しのつかない損失を含んでいることをはっきりと知ります。したがって、彼らは義務の関係をもって愛するという「自分自身を縛ること」により、自分自身を守ります。永遠の中に錨《いかり》を下ろし限られた時間の中で愛の行いを位置づけるのです。

ユリシーズ（訳注：古代ギリシャの詩人ホメロス作と言われる叙事詩『オデュッセイア』の主人公。トロイア戦争において長年の漂泊をする）は再び彼の故国と妻にまみえることを望んでいましたが、岩に座礁させるために歌で船乗りを魅了して惑わした、セイレーン（訳注：ギリシャ神話で、美しい歌声で近くを通る船人を誘い寄せては船を難破させたという半女半鳥の妖精）の所を通り越して船旅をしなければなりませんでした。ユリシーズは何をしたでしょうか？　彼は仲間たちの耳を蠟《ろう》で塞《ふさ》いだ後で、自分自身を船の帆柱に縛り付けました。魔の海域に着いたとき、彼はセイレーン（の歌声）に加わりたくて、縄をほどいてほしいとわめきましたが、仲間は彼の声を聞くことができなかったので、その後、彼は故国を目にし、彼の妻と息子を再び抱きしめることができました。[120] これは神話ですが、人間的かつ実存的な次元においても、結婚の誓約の「不解消性」と、それとは異なる身分での修道者の誓願宣立の理論的根拠を私たちが理解するのに役立ちます。（訳注：『カトリック教会のカテキズム』1611、1618～1620）。

愛する義務は、愛を「絶望」から守り、永遠に愛することはできないという絶望から守るという意味において、愛を「祝福し、自立させます」。キルケゴールは「本当に恋愛中である人を連れてきてください。そうすれば、その人は恋愛中の喜びと義務の間に対立があるかどうかをあなたに話すでしょう。その人は、一生涯にわたって愛さなければならないという『義務』の自覚が、恐怖と不安を呼び起こすか、喜びや最高の幸福をもたらすかをあなたに話すでしょう[121]」と述べています。

フォリーニョの福者アンジェラに聖週間のある日、キリストがご出現され、彼女に後で有名になった言葉をおっしゃいました。「私はあなたを戯《たわむ》れに愛したのではない！」[122]。もちろん、キリストはただ面白半分に私たちを愛したのではありませんでした。愛することには、戯れ遊ぶような楽しい一面もありますが、それで愛が「戯れ」になるわけではありません。それは、最大の結果を伴う、世界中で存在することの中で最も重大なことです。人間の生と幸福は、「愛」次第なのです。アイスキュロス（訳注：古代アテナイの三大悲劇詩人）は愛を、家の中で育てられているライオンの子になぞらえました。「それが幼くておとなしい生き物である最初の時期は、子どもたちとも一緒に遊びました」[123]。しかし、若獅子が成長したとき、暴力の本能が発現し、間もなく「家は血にまみれていました」[124]。

これら警世《いましめ》の言葉にあふれた逸話の数々は、「（パートナーを）思いのままに取り替える」自由、奔放に追求される刹那的快楽、愛にも当てはまる「使ったら、ポイ捨てする」文化をほめそやす現代文化を変革するには十分ではないでしょう（最後に自分の手の中には灰だけが残り、愛を通じて永続するものをまったく築き上げなかった不幸を見いだすとき、残念ながら人々は人生で自分の行動の責任をとることになるでしょう）。しかし、少なくともこれらの批評の言葉は、神の計画に従って愛を生きることを決めた男性と女性による選択の美しさと善良さを確認するのに役立ち、若者たちを引きつけて同じ選択をするよう促すのに役立ちます。

今なすべきことのすべては、パウロと共に、神の勝利の愛にほめ歌を歌うことです。パウロは自分の内的癒やしというすばらしい経験へと私たちを招きます。パウロは自分の人生での否定的なことのすべてと、危機的瞬間について思いめぐらしています。災い、苦しみ、迫害、飢え、裸、危険、剣です。パウロは神の愛に対する確信の光に照らされて、それらを見て叫びます。「これらすべてのことにおいて、輝かしい勝利を収めています」(ローマ8・37、フランシスコ会訳)。

それからパウロは自分の個人的生活から、自分の周りの世界と人類の普遍的な運命に視線を向けて、同じ歓喜に満ちた確信を再び表明するのです。「わたしは確信しています。死も、命も、……今あるものも、後に来るものも、力あるものも、高い所にいるものも、深い所にいるものも、他のどんな被造物も、わたしたちの主キリスト・イエスにおいて現れた神の愛からわたしたちを引き離すことはできないのです」(ローマ8・38–39、フランシスコ会訳)。

著者注

第一部

（1）マルティン・ケーラー『いわゆる史的イエスと歴史的・聖書的キリスト』。（Der sogenannte historische Jesus und der geschichtliche,biblische Christus）10章 / Martin Kähler, chapter 10, fn. 11, *The So-called Historical Jesus and the Historic Biblical Christ*, forew. By Paul Tillich, intro., ed., and trans. by Carl E. Braaten (Philadelphia: Fortress Press, 1964), p. 80.

（2）聖アウグスティヌス『説教集』「説教295」。

（3）カール・バルト『ローマ書』。

（4）チャールズ・ハロルド・ドッド『福音書の歴史』。Charles Harold Dodd, *History and the Gospel* (London: Hodder and Stoughton, 1938), pp. 36-37.

（5）例えば、マルコ1・1、ローマ15・19、ガラテヤ1・7を参照のこと。

（6）ガラテヤ6・2、一コリント7・25、ヨハネ15・12、一ヨハネ4・21参照。

（7）ヨーゼフ・ラッツィンガー『キリスト教入門』。（ドイツ語原題：*Einführung in das Christentum*）

（8）シャルル・ペギー『神秘劇』三部作のうち『第二徳の神秘劇の大門』（「神は語られる」）所収、「祈りのビジョン」。Charles Péguy, "A Vision of Prayer" ["Vision de prière"], in *God Speaks*, intro. and trans. by Julian Green (New York: Pantheon Books, 1945), p. 52.

（9）テルトゥリアヌス『護教論』39・9（「恐れながら真理の光へ」）。

(10) ハインリッヒ・シュリアー『教会の時代』。Heinrich Schlier, *Die Zeit der Kirche* [*The Time of the Church*] (Freiburg: Herder, 1958), chapt. 15.

(11) オリゲネス『ケルソス駁論』1章9から引用。

(12) フランツ・カフカ『皇帝の使者』〔皇帝の親書〕。

(13) フランツ・カフカ、前掲書。

(14) 教皇ヨハネ・パウロ二世「ヨハネ・パウロ二世の教皇司牧奉仕を始めるミサでの説教」。Pope John Paul II, "Homily at the Mass Inaugurating the Pontifical Ministry of John Paul II," *L'Osservatore Romano*, English edition (November 2, 1978), p. 12.

(15) 聖アウグスティヌス『ヨハネ福音書講解』38・10。

(16) オリゲネス、前掲書、1章26。

(17) オリゲネス、前掲書、1章28。

(18) ヨーゼフ・ラッツィンガー『キリスト教入門』。前掲書141～142。

(19) セーレン・キルケゴール『キリスト教の修練』。

(20) キルケゴール、前掲書。

(21) セーレン・キルケゴール『日記』。Søren Kierkegaard, *Diary*, X 1 A 481, *Paper and Journals: A Selection*, intro., notes, and trans. by Alastair Hannay (New York: Penguin Books, 1996), p. 390.

(22) 聖アウグスティヌス『ヨハネ福音書講解』26・2。

(23) ジャック・ギレ『修徳・神秘に関する霊性・教義・歴史事典』「イエス」の項目。Jacques

Guillet, "*Jésus*",Dictionnaire de spiritualité ascétique et mystique,doctrine et histoire,ed.by Marcel Viller,SJ,et al.(Paris :Beauchesne,1974),vol.8.col.1098.

(24) オリゲネス『ヨハネによる福音書注解』1・6・23参照。

(25) 現代では、パウロ書簡（ローマ3・22、26、ガラテヤ2・16、20、3・22、フィリピ3・9）に頻出する「神の子への信仰」、あるいは「キリストへの信仰」という表現を、あたかもキリストご自身が持っていた信仰、またキリストがご自身をいけにえとしてささげられたことの中に示された私たちに対する忠誠を意味するかのように、「主語の所有格」と考える人々もいる。私、カンタラメッサは、伝統的な解釈で、権威ある現代の釈義学者たちも支持している、キリストを信仰の主体ではなく客体と考える説を取りたいと思う。それ故、「キリストの信仰」（もし、キリストには「信仰」があったと言いうるとすれば）ではなく、「キリストへの信仰」である。（ジェームズ・ダン）James D. G. Dunn *The Theology of Paul the Apostle*（使徒パウロの神学）(Grand Rapids, MI: William B. Eerdmans, 1998), pp. 360-368 を参照のこと。

(26) 聖アウグスティヌス『霊と文字』32・56。

(27) アレクサンドリアの聖キュリロス（チリロ）『ルカ福音書注解』22・26。

(28) 聖トマス・アクィナス『神学大全』I-IIae 参照。

(29) マルティン・ルター『ガラテヤ書講義』1535。

(30) クレルヴォーの聖ベルナルドゥス『雅歌講話』III、61、4−5。

（31）エルサレムの聖キュリロス（チリロ）『要理教授』。
（32）ヨアンネス・クリュソストモス（ヨハネ・クリゾストモ）『墓地について（De coemeterio）』（PG49）、ニコラオス・カバシラス『ハリストスにある生命』１・５参照。
（33）ジェームズ・ダン、前掲書420・55。
（34）チェラーノのトマス『聖フランシスコの第一伝記』。
（35）第二バチカン公会議『主日のミサ典礼書』待降節第二主日叙唱Ⅱ（英語版訳：「聖母マリアは語りつくせないほどの愛をもってイエスをご胎内に宿された」）。
（36）この救い主の誕生の宣言は、殉教者の公式の羅列であり、グレゴリオ（グレゴリウス）十三世が一五八四年に発布し、第二バチカン公会議後に再導入された「ローマ殉教録」に由来する。降誕祭夜半のミサ聖祭に先立つ聖務日課の朗読と組み合わせてもよい。
（37）救済論は「キリストがなされること」を扱い、「キリスト論」は「キリストとはだれか」を扱う。
（38）アレクサンドレイアの聖アタナシオス（アレクサンドリアの聖アタナシオ）『アレイオス派駁論』２・70。
（39）ジャック・モノー『偶然と必然―現代生物学の思想的な問いかけ』。
（40）モノー、前掲書参照146。
（41）モノー、前掲書170～171。
（42）ブレーズ・パスカル『パンセ』205。

（43）グスターボ・アドルフォ・ベッケル「詩II」。“gigante ola que el viento / riza y empuja en el mar, / y rueda y pasa, y se ignora / qué playa buscando va; / luz que en cercos temblorosos / brilla, próxima a expirer, / y que no se sabe de ellos, / cuál el último será; / eso soy yo, que al caso / cruzo el mundo, sin pensar / de dónde vengo, ni adónde / mis pasos me llevarán.”

（44）アーネスト・ベッカー『死の拒絶』参照。

（45）ホラティウス『頌歌』第三巻、「頌歌30」6行目。

（46）ホラティウス「頌歌30」1–2行目。

（47）モノー、前掲書。

（48）ミゲル・デ・ウナムーノ（Miguel de Unamuno）“Cartas inéditas de Miguel de Unamuno y Pedro Jiménez Ilundain,”（ミゲル・デ・ウナムーノとペドロ・ヒメネス・イルンダインとの未発表往復書簡）ed. by Hernán Benítez, *Revista de la Universidad de Buenos Aires*（ブエノスアイレス大学紀要）、vol. 3, no. 9 (January-March 1949) pp. 135, 150.

（49）聖アウグスティヌス『ヨハネ福音書講解』55、1。

（50）マルティン・ルター『ガラテヤ書講義』1516。

（51）ルター、前掲書参照。

（52）ルター『ワイマール版ルター全集』39、1。

（53）ジョン・ウェスレー（John Wesley）*Journal, in John and Charles Wesley: Selected Writings and Hymns*, ed. Frank Whaling, pref. by Albert C. Outler (New York: Paulist Press, 1981), p. 107.

(54) チャールズ・ウェスレー（Charles Wesley）“Glory to God and Praise and Love,” Hymn # 58, *The United Methodist Hymnal*（米国合同メソジスト教会讃美歌集）、*A Book of United Methodist Worship* (Nashville, TN: The United Methodist Publishing House, 1989).

(55) John Newton hymn（ジョン・ニュートン作曲の讃美歌）、quoted in Bruce D. Hindmarsh, *John Newton and the English Evangelical Tradition* Oxford: Clarendon Press, 1996), p. 276.

(56)「ああ、幸いな過失よ。それは我らにこの聖《きよ》く大なるあがない主を与えた。」(O felix culpa quae talem ac tantum meruit habere Redemptorem!) 第二バチカン公会議主日典礼書二〇〇〇年版。/ *Vatican II, Sunday Missal, Millennium Edition*, ed. by the Daughters of St. Paul (Boston: Pauline Books and Media, 2001), p. 405.

(57) 第二バチカン公会議主日典礼書。

(58) テルトゥリアヌス『キリストの肉について』(De Carne Christi) 5、3を参照。

(59) “The First General Council of Nicaea,”（第一ニカイア公会議）、in Josef Neuner, SJ, and Jacques Dupuis, SJ, *The Christian Faith in the Doctrinal Documents of the Catholic Church*,（「カトリック教会の教義文書におけるキリスト教信仰」）、ed. by Jacques Dupuis, SJ (New York: Alba House, 2001), p. 6.

(60) セーレン・キルケゴール『おそれとおののき』(アブラハムへの頌徳文)。

(61) 第二バチカン公会議ミサ典礼書「信仰宣言」より。

第二部

（62）The Veiled Lady（ベールをかぶった婦人）、in Luigi Pirandello（ルイジ・ピランデルロ）、*Right You Are (If You Think You Are*〔『御意にまかす』〕*) [Così è (se vi pare)]*「第3幕第9場、in *Pirandello's Major Plays*, foreword by Albert Bermel, trans. by Eric Bentley (Evanston, IL: Northwestern University Press, 1991), p. 54.

（63）ロザンナ・ガロファロ (Rosanna Garofalo), *Sopra le ali dell'aquila* [*On the Wings of the Eagle*]（鷲の翼に乗って）(Milan: Ancora, 1993).

（64）聖アウグスティヌス『詩編注解』120・6。

（65）聖アウグスティヌス「書簡55」。

（66）マルティン・ケーラー「いわゆる史的イエスと歴史的・聖書的キリスト」第10章。Martin Kähler, chapter 10, fn. 11, *The So-called Historical Jesus and the Historic Biblical Christ* [*Der sogenante historische Jesus und der geschichtliche, biblische Christus*], forew. by Paul Tillich, intro., ed., and trans. by Carl E. Braaten (Philadelphia: Fortress Press, 1964), p. 80.

（67）フォリーニョの福者アンジェラ (Blessed Angela Foligno), *Memorial*, VII, in *Angela of Foligno: Complete Works*, pref. by Romana Guarnieri, trans. by Paul Lachance, OFM (New York: Paulist Press, 1993) p. 130.

（68）マタイ26・38、マルコ13・34参照。

（69）マタイ26・38、マルコ14・36とルカ22・42も参照のこと。

（70）「聖書釈義」は、聖書テキストか聖書の出来事の説明であり、「聖書自己解釈」は聖書のテキストや出来事に付加した意味を読み込むことである。*The HarperCollins Encyclopedia of Catholicism*（ハーパーコリンズ『カトリック大辞典』）、ed. by Richard P. McBrien [New York: HarperCollins Publishers, 1995], p. 501 を参照のこと。

（71）レイモンド・E・ブラウン『メシアの死、ゲッセマネから墓へ―四福音書の受難の語りに関する注釈』。Raymond E. Brown, SS, *The Death of the Messiah: From Gethsemane to the Grave, A Commentary on the Passion Narratives in the Four Gospels*, vol. 1 (New York: Doubleday, 1994), p. 216.

（72）ブラウン、前掲書。英語版、233頁、参照。

（73）ポワティエの聖ヒラリウス『三位一体論』（De Trinitate）10・37。

（74）「イエス・キリストには神としての意志しか存在しないと考える七世紀の異端」（*The HarperCollins Encyclopedia of Catholicism*〔ハーパーコリンズ『カトリック大辞典』〕p. 889 参照）。

（75）証聖者聖マクシモス『マタイ福音書注解』26・39（PG91）。

（76）ラビンドラナート・タゴール『ギーターンジャリ（神への捧げ歌）』。

（77）ラテン語聖歌「アドロ・テ・デヴォーテ」より。

（78）セーレン・キルケゴール『死に至る病』。

（79）キルケゴール、前掲書。

（80）聖アウグスティヌス『ヨハネの手紙一 説教 第六』6–8参照。

（81）聖トマス・アクィナス『神学大全』III, q.47, a.3「キリストの受難の作動因について」（第四十七問題第三項「御父なる神がキリストを受難に引き渡したのか」）。
（82）大聖レオ『説教70』。
（83）ブレーズ・パスカル『パンセ』553。
（84）クレルヴォーの聖ベルナルドゥス「書簡190」（アベラールの異端について）。
（85）リヨンの聖イレネオ（エイレナイオス）『使徒たちの使信の説明』33–34。
（86）証聖者聖マクシモス『マタイ福音書講解』26・39（PG91）。
（87）ダンテ・アリギエーリ『神曲』天国篇3・85。
（88）C・H・ドッド Charles H. Dodd, *The Founder of Christianity* (New York: Macmillan, 1970), pp. 49-50 参照。
（89）アンティオケの聖イグナチオ（アンティオケイアの聖イグナティオス）『ポリュカルポスへの手紙』4・1。
（90）大聖グレゴリオス『説教19』。
（91）聖イレネオ（エイレナイオス）『異端反駁』3・22・4。
（92）ローマ典礼による読書課、聖土曜日「アンティフォナ2」。
（93）聖土曜日、第二朗読。
（94）フョードル・ドストエフスキー『白痴』II・4。
（95）キケロ（Cicero）“For Caius Rabirius, Accused of Treason,” 5, 16, *The Orations of Marcus Tullius*

Cicero, vol. 2, trans. by C. D. Yonge (London: Henry G. Bohn, 1856), p. 269.

(96) レイモンド・E・ブラウン『メシアの死：ゲッセマネから墓まで―四福音書における受難の語りについての注解』第二巻参照 (*The Death of the Messiah: From Gethsemane to the Grave, A Commentary on the Passion Narratives in the Four Gospels*, vol. 2 p. 1051).

(97) ヨハン・セバスチャン・バッハ『マタイ受難曲』。

(98) 大聖レオ『説教66』。

(99) アヴィラの聖テレジア (St. Teresa of Avila), *The Life of Teresa of Jesus*,（イエスのテレジアの生涯）7, trans. and ed. by E. Allison Peers (Garden City, NY: Image Books, 1960), p. 96.

(100) 前掲書、105頁。

(101) 前掲書、108–109頁。

(102) 前掲書、114–115頁。

(103) "Stabat Mater,"（スターバト・マーテル）*Manual of Prayers*, 3rd ed., comp. by James D. Watkins (Rome: Pontifical North American College, 1998), p. 387 (Latin), p. 390 (English).

(104) ラニエロ・カンタラメッサ、二〇〇六年四月十四日、サン・ピエトロ大聖堂での聖金曜日の説教。

(105) ハロルド・ブルーム (Harold Bloom), "Interpretive Reading," in *The Gospel of Thomas: The Hidden Sayings of Jesus*,（『トマス福音書：イエスの隠された言葉』）trans. and intro. by Marvin W. Meyer (New York: HarperSanFranciso, 1992), p. 111.

（106）レイモンド・E・ブラウン、前掲書、1092–1093、1096頁。

（107）前掲のマーヴィン・W・メイヤー訳の『トマス福音書』（63頁）の「語録144」を参照のこと。アレクサンドレイア（アレクサンドリア）のクレメンスによれば、イエスは「私は女性的なるもののわざを破壊するために来た」（クレメンスの著作『ストロマテイス』参照のこと）と『エジプト人の福音書』の中で述べている。これによって、『トマス福音書』がマニ教信者の福音書となったこと、また一方で、一般論として結婚と被造物の善さを擁護していた教会の権威筋（例えばローマのヒュッポリトス）によって激しい反発に遭ったことが説明される。

（108）ダンテ『神曲』天国篇5章73–78、80節。英語版の訳者シンクレア（Sinclair）の翻訳では散文体ではあるが、訳された詩の構成は、ダンテの以下の原文に近づけるように意図されている。“Siate, Cristiani, a muovervi più gravi: / non siate come penna ad ogni vento, / e non crediate ch'ogni acqua vi lavi. / Avete il novo e 'l vecchio Testamento, / e 'l pastor della Chiesa che vi guida: / questo vi basti a vostro salvamento. /...... / uomini siate, e non pecore matte” (Sinclair edition, p. 78).

（109）教皇ベネディクト十六世『神は愛』（二〇〇六年一月）第12項、英語版は教皇庁の以下のサイトで閲覧可能。 http://www.vatican.va/holy_father/benedict_xvi/encyclicals/documents/hf_ben-xvi_enc_20051225_deus_caritas_est_en.html

（110）ニコラオス・カバシラス『ハリストス（キリスト）にある生命』。

(111) オリゲネス『エゼキエル書講話』6・6。
(112) 教皇ベネディクト十六世、前掲書、第5項。
(113) ブレーズ・パスカル『パンセ』793。
(114) ヘンリク・シェンキェヴィチ『クオ・ヴァディス』第41章。
(115) 教皇ベネディクト十六世、前掲書、第10項。
(116) 教皇ベネディクト十六世、前掲書、第12項参照。
(117) ジョヴァンニ・パスコッリ『二人の少年』(*I due fanciulli*) より。イタリア語原文は以下のとおり。"Uomini, pace! Nella prona terra / troppo è il misterio ...,"
(118) 教皇ベネディクト十六世、前掲書、第6項。
(119) セーレン・キルケゴール『愛のわざ』。
(120) ホメロス『オデュッセイア』12章158–200行目。
(121) セーレン・キルケゴール、前掲書。
(122) フォリーニョの福者アンジェラ、以下の記事を参照のこと。See Blessed Angela Foligno, Instructions, 23, in *Angela of Foligno: Complete Works*, pref. by Romana Guarnieri, trans. by Paul Lachance, OFM (New York: Paulist Press, 1993), p. 280.
(123) アイスキュロス『アガメムノーン』720–721行目。
(124) アイスキュロス、前掲書、732行目。

翻訳参考資料

・『カトリック教会のカテキズム』、日本カトリック司教協議会、教理委員監修・翻訳　二〇〇二年。
・『カトリック教会文書資料集』（改訂版）、デンツィンガー・シェーンメッツァー共編　A・ジンマーマン監修、浜寛五郎訳、エンデルレ書店　一九九二年。
・『カトリック教会の教え』、日本カトリック司教協議会監修、新要理書編纂特別委員会編、カトリック中央協議会発行、二〇〇三年初版、二〇〇七年第5刷。
・『教会の祈り　新しい聖務日課』、日本カトリック典礼委員会編、カトリック中央協議会発行、一九七三年初版、一九九六年第15版。
・『女性の神秘家、教会博士』（ペトロ文庫017）、教皇ベネディクトゥス著、カトリック中央協議会編訳・発行、二〇一一年。
・『公会議』、J・P・ラベル、ドン・ボスコ社、一九六二年。
・『新共同訳聖書　旧約聖書続編つき』、日本聖書協会発行、二〇〇六年。
・『新共同訳聖書辞典』、木田献一　他監修、キリスト新聞社、一九九五年。
・『聖書（原文校訂による口語訳）』、フランシスコ会聖書研究所訳注、サンパウロ、二〇一一年。
・『聖ボナヴェントゥラによるアシジの聖フランシスコ大伝記』、フランシスコ会監修、宮沢邦子訳、あかし書房、昭和五十六年。

・『ミサ典礼書の総則と典礼暦年の一般原則』、日本カトリック典礼委員会編、カトリック中央協議会発行、一九八〇年初版、一九九四年第2版。
・『キリスト教入門』、ヨセフ・ラッチンガー著、小林珍雄訳、エンデルレ書店、昭和四十八年。
・『典礼の精神』（現代カトリック思想叢書21）、ヨセフ・ラッチンガー著、濱田了訳、サンパウロ、二〇〇四年。
・『キリストにおける生活―ローマの信徒への手紙の霊的メッセージ』、ラニエロ・カンタラメッサ著、マリオ・カンドゥッチ監修、庄司篤訳、サンパウロ、二〇〇四年。
・『ミサと聖体』（聖母文庫）、ラニエロ・カンタラメッサ著、マリオ・カンドゥッチ監修、片岡仁志・庄司篤共訳、聖母の騎士社、一九九七年初版、一九九八年再版。

著者略歴

ラニエロ・カンタラメッサ
(Fr. Raniero Cantalamessa, O.F.M.Cap.)

1934年に生まれる。

1958年 カプチン・フランシスコ修道会 司祭叙階。

ミラノ・カトリック大学で古典文学博士号を取得。古代キリスト教史を教えるかたわら、ミラノ・聖心大学宗教学部長、初代教会史教授を歴任。

1975年〜80年まで国際神学委員会委員。十年間にわたり、プロテスタント教会との対話委員会の委員などの職務を果たす。

1980年、教皇ヨハネ・パウロ二世によって教皇公邸の説教師に任命され、毎週、さらには待降節、四旬節などの典礼の季節ごとに教皇、枢機卿、司教、各修道会代表の前で説教を行った（2009年まで）。

世界各地から招かれ、司祭、修道者、信徒を問わず講話、黙想会を実施し、非キリスト教徒に対しても講演会を行うこともある。著書・講話集多数。

邦訳著書
『ミサと聖体：私たちの成聖』片岡仁志・庄司篤共訳（聖母の騎士社）、『キリストにおける生活：ローマの信徒への手紙の霊的メッセージ』庄司篤訳、マリオ・カンドゥッチ監修、『聖霊とエウカリスチア』澤田和夫訳、『司祭職　――信徒にとって、聖職者にとって――』小西広志訳、（サンパウロ）。

監訳者紹介

小平　正寿（こだいら　まさとし）(O.F.M.)

1944年　東京に生まれる。
1962年　暁星高校卒業。在学中、「フランス大使賞」「日仏会館賞」「グッドレーベン賞」「ヘグリ賞」を受賞。
1966年　早稲田大学卒業。
1974年　司祭叙階（フランシスコ会）
1978年　ローマ教皇庁立アントニアーヌム大学院卒業。
帰国してから、ラテン語を教える。中目黒聖ミカエル教会で3年間司牧。三軒茶屋カトリック教会で13年間司牧。その後、六本木・聖ヨセフ修道院で翻訳、著作活動。
2014年から田園調布カトリック教会・協力司祭。

著　書　『あなたに神のやさしさを』(近代文藝社)、『聖書101の謎』(新人物住来社)、『イタリア　アシジからの伝言』(社会評論社)、他。
訳　書　『アッシジの聖フランシスコの第二伝記』(あかし書房)、『エウカリスティア　過越の秘跡』、『父である神』、『司祭の霊性』、『聖フランシスコに語りかけた十字架』、『聖フランシスコとその時代』(以上、サンパウロ)。

パウロ・ヤノチンスキー (O.P.)

1951年　ポーランドに生まれる。
1969年　ドミニコ会に入会。
1976年　司祭叙階。
1977年　来日。
1988 − 1989年　シカゴ・ロヨラ大学で「現代の霊性」を学び、MPS取得。
1995年　上智大学博士後期課程満期終了。
渋谷教会、松木町教会等で司牧を歴任。
真正会館、京王カルチャー教室で「聖書と祈り」の講座を担当。
現　在　渋谷修道院で、白百合女子大学講師、「ニコラ・バレ」で講座を担当し、司牧・霊的指導に携わる。

共同監訳書 『聖霊』 フィオ・マスカレンハス (S.J.) 著、小平正寿 (O.F.M.) と共同監訳。

訳者紹介

金子　知香子（かねこ ちかこ）

聖心女子大学・文学部外国文学科英語英文学卒業。

訳　書　『聖霊』フィオ・マスカレンハス（S. J.）著。

高木　利彦（たかぎ としひこ）

慶應義塾大学・経済学部卒業。　翻訳家。

訳　書　『エロースとアガペー　愛の二つの側面』ラニエロ・カンタラメッサ（O.F.M.Cap.）著　堀江幸雄　共訳、他。

校正者

畠　基幸（はた　もとゆき）

聖霊による刷新全国委員会委員。

イエス・キリストを思《おも》い起《お》こしてください
——現代の信仰問題への応答として——

著　者——ラニエロ・カンタラメッサ
監訳者——小平 正寿／パウロ・ヤノチンスキー
訳　者——金子 知香子／高木 利彦

発行所——サン パウロ

〒160-0004　東京都新宿区四谷 1-13　カタオカビル 3 階
宣教推進部（版元）(03) 3359-0451
宣教企画編集部　(03) 3357-6498

印刷所——日本ハイコム株式会社

2017 年 3 月 1 日　初版発行

ISBN978-4-8056-0479-3　C0016 (日キ販)
落丁・乱丁はおとりかえいたします。